目次
Contents

	ガイドブックの使い方・注意事項	02
	参加方法	03
	建物インデックス	04
	巻頭特集「大阪市中央公会堂の100年」	06
プログラム	プレイベント	14
	メインイベント	16
	[特集1] こどもスペシャル	20
	[特集2] 生きた建築・夜景探訪のすすめ	42
	[特集3] 水辺を生き抜く建築たち 〜大阪港エリア〜	56
	[特集4] 大阪市中央公会堂開館100周年記念	58
	アフターイベント	60
	連携プログラム	62
	関連イベント	67
エリアマップ		70

ガイドブックの使い方

このガイドブックでは、「生きた建築ミュージアムフェスティバル大阪2018」で実施する建物公開プログラムを、原則、建物ごとにまとめて紹介しています。

今年は、建物のミニ解説を加えて内容を充実。オーナーからのひと言とあわせてお楽しみください。所在地やマップも掲載していますので、イケフェス大阪開催期間中はもちろん、大阪の建築ガイドブックとしてもお役立てください。

■プログラムの種別

特別公開	普段は入ることができない内部等を、自由に見学できるプログラム
ガイドツアー	普段は入ることができない内部等を、建物所有者等の案内でめぐるプログラム
スペシャルツアー	テーマに沿って、複数の生きた建築を、様々な分野の専門家の解説付きでめぐるプログラム
その他	ワークショップ・展示・トークセミナー、コンサート、休日特別開館など

お願いと注意事項

イケフェス大阪は、普段は一般公開されていない建物等を所有者・関係者のご厚意により特別に公開していただくことで成立するものです。来年以降も継続して開催していくために、マナーを守ってお楽しみいただきますよう、ご協力をお願い申し上げます。

1. プログラムへの参加にあたっては、必ず、条件等詳細をご確認ください。
2. プログラムの内容は予告なく変更することがございます。また、当日の天候(大雨・暴風等)によって変更・中止させていただく場合もございます。予めご了承ください。
3. 集合時間が定められたプログラムは、時間を厳守下さい。遅刻された場合、原則として参加いただくことはできません。
4. 建物への直接のお問合せはご遠慮ください。お問合せは、P.84に記載の【問合せ先】にて承ります。
5. プログラム実施に関する最新情報等については、公式ツイッター @ikitakenchiku で随時発信します。参加にあたっては、最新情報をご確認下さい。
6. スタッフやボランティア、建物関係者の指示に沿ってお楽しみください。指示を守っていただけない場合は参加をお断りいたします。次の内容については、特にご注意ください。

●写真撮影等	建物によっては、立入禁止・撮影禁止の場所がございます。撮影可能な場合でも、SNSやWEBサイトへの掲載を禁止している場合もございます。詳細をご確認のうえ、ルールを守ってお楽しみください。他の参加者の迷惑とならないよう、各自、譲り合って撮影ください。また、モデルの撮影など建物見学以外を目的とする写真撮影は固くお断りします。なお、取材を希望される場合は、事前に実行委員会 info@ikenchiku.jp にご連絡ください。
●テナントビル	お仕事中の方がいらっしゃる場合もございますので、お静かに見学ください。また、店舗等以外に無断で入室することは絶対にお止めください。
●入場制限	定員の記載がない場合でも、状況に応じて安全確保等の理由から入場制限させていただく場合がございます。
●エレベーター等	階段のみで、エレベーターやスロープ等の設備がない建物もございます。あらかじめご了承のうえご参加ください。
●その他	別途、建物ごとに注意事項が設定されている場合がございます。記載内容等をよくご確認ください。

※通常公開されていない建物内にイケフェス大阪のプログラム以外で許可なく立ち入ることはお止めください。違法行為として処罰されることがあります。

参加方法

参加方法はプログラムによって異なります。各プログラムの内容を必ずご確認ください。

■ **マークについて**（各プログラムの右上に表示）

マークなし　事前申込みは**不要**です。定員はありませんが、混雑時にはお待ちいただくことがあります。状況によっては、予告なく終了時間等を変更することがあります。予めご了承ください。

当日先着　事前申込みは**不要**です。当日先着順に受付け、定員になり次第、締切ります。受付場所や受付開始時刻・整理券の配布の有無等をご確認ください。

要申込　事前申込みが**必要**です。下記「要申込プログラムへの参加について」をよく読み、お間違いのないようお申し込みください。定員を超えた場合は、「抽選」となります。
当選された方のみの参加となります。当選通知を必ず持参してください。

要申込プログラムへの参加について

要申込 のマークがあるもの

申込先は「実行委員会」と「各建物等」の2種類があります。

■ **申込先が「実行委員会」のプログラム**（[申込方法] P.03参照 と記載があるもの）

［申込期間］ガイドブック発売開始日〜10月12日(金) 正午まで
［申込方法］公式ホームページ(http://ikenchiku.jp)の各プログラムのページからお申し込みください。それ以外のお申込みは受付できません。
各プログラムのページ内の「申し込む」をクリックすると、申込用のページに進みます。

- 初めてお申込みされる際には、まずユーザー登録していただくことが必要です(昨年までの登録情報は使えません。お手数ですが改めて登録ください)。
- 同日同一時間帯のプログラム、同一プログラムの異なる回次に、同時に申込むことはできません。
- 申込期間中のキャンセルはご自身で「申込確認」から行ってください。人数や同行者の変更がある場合は、一度キャンセルの上、再度お申し込みください。
- 抽選結果は、確定次第順次公式ホームページ上にてお知らせします。「申込確認」から確認いただけます。

■ **申込先が「各建物等」のプログラム**

- ［申込期間］はプログラムによって異なりますのでご注意ください。
- 各プログラムに記載されている［**申込方法**］に沿って、お申し込みください。
- 抽選結果は各建物等から直接、通知されます。

お申込みについての注意事項（要申込プログラム共通）

- 特に注意書きがない場合は、一度の申込みにつき2名様まで申込むことができます。
- 申込み期間・申込み先・方法等を間違ったご応募は無効とさせていただきます。
- 毎年、多数のお申し込みをいただいておりますので、当選後のキャンセルはお避け下さい。有料プログラムをキャンセルした場合、キャンセル料が発生する場合があります。
- 当選の権利の売買は固く禁止いたします。
- お申し込み時に登録いただいた内容は、ご本人様への連絡やプログラム実施に必要な範囲で利用させていただくほか、当実行委員会内部で、個人を特定できない統計的な分析等に使用させていただくことがございます。

イケフェス大阪に関するお問合せは→P.84をご覧ください。

LIVING ARCHITECTURE MUSEUM FESTIVAL OSAKA 2018　　参加方法

建物インデックス

建物番号	名称	掲載ページ
あ		
01	愛珠幼稚園	P.14
42	青山ビル	P.33/64
89	赤レンガ倉庫（ジーライオンミュージアムほか）	P.56
50	新井ビル	P.37
い		
53	生駒ビルヂング	P.38
71	立売堀ビルヂング	P.48
33	今橋ビルヂング［旧大阪市中央消防署今橋出張所］	P.29
う		
05	梅田スカイビル（新梅田シティ）	P.16
連	うめきたシップホール	P.63
え		
10	ABC本社ビル	P.18
19	江戸堀コダマビル［旧児玉竹次郎邸］	P.23
お		
27	大江ビルヂング	P.26
64	OMM	P.43/45
74	オーガニックビル	P.49
37	大阪ガスビル	P.31
87	大阪くらしの今昔館	P.21/55
34	大阪倶楽部	P.29/63
67	大阪国際平和センター［ピースおおさか］	P.47
E	大阪市水上消防署	P.56
91	大阪市中央公会堂	P.12/43/44/58/59/65/66
49	大阪証券取引所ビル	P.36/42/84
55	大阪商工信用金庫 新本店ビル	P.39
連	大阪市立大学	P.64
93	大阪市立美術館	P.60
76	大阪農林会館	P.50
06	大阪富国生命ビル	P.16
29	大阪弁護士会館	P.27
65	大阪府庁本館	P.46
13	大阪府立国際会議場［グランキューブ大阪］	P.19/20
30	大阪府立中之島図書館	P.28
69	オリックス本町ビル	P.43/47
か		
17	株式会社遠藤克彦建築研究所 大阪オフィス（江戸堀辰巳ビル）	P.22
85	株式会社モリサワ本社ビル	P.54
02	関西大学千里山キャンパス	P.14
き		
36	北野家住宅	P.30
48	北浜レトロビルヂング	P.36
86	ギャラリー再会	P.54
52	旧小西家住宅	P.37
A	旧半田文化	P.15
08	King of Kings（大阪駅前第1ビル）	P.17
く		
E	KLASI COLLEGE	P.56
31	グランサンクタス淀屋橋	P.28
95	グランフロント大阪	P.61/63
さ		
72	堺筋倶楽部	P.43/48
し		
80	自安寺	P.52
連	シネ・ヌーヴォ	P.62
38	芝川ビル	P.31/44
82	食道園宗右衛門町本店ビル	P.53
78	新桜川ビル	P.51
す		
25	住友ビルディング	P.26
15	スリープカプセル［カプセルイン大阪］	P.20
せ		
59	SENSEISHA BLDG.［Growtecture S］	P.40
47	船場ビルディング	P.35
03	泉布観	P.15

	建物番号	名称	掲載ページ
た	23	大同生命大阪本社ビル	P.25/42
	14	ダイビル本館	P.19/20/21/42
	44	武田道修町ビル	P.34
	45	田辺三菱製薬株式会社本社ビル	P.34
ち	A	千鳥文化	P.15
	16	中央電気倶楽部	P.22
つ	04	通天閣	P.15
て	E	天満屋ビル	P.56
と	20	堂島サンボア	P.24
	28	堂島ビルヂング	P.27
	40	東畑建築事務所（新高麗橋ビル）	P.32
	D	都住創内淡路町	P.44
	70	井池繊維会館	P.48
な	73	長瀬産業株式会社大阪本社ビル	P.42/49
	E	中谷運輸築港ビル（旧商船三井築港ビル）	P.56
	21	中之島フェスティバルタワー	P.24
	22	中之島フェスティバルタワー・ウエスト	P.24
	79	浪花組本社ビル	P.21/51
	83	南海ビル（髙島屋大阪店ほか）	P.53
	連	なんばスカイオ	P.65
に	35	日建設計大阪オフィス（銀泉横堀ビル）	P.30
	26	日本銀行大阪支店	P.26
	81	日本橋の家	P.52/62
	46	日本圧着端子製造株式会社	P.35
	18	日本基督教団大阪教会	P.23
	77	日本基督教団島之内教会	P.50
	62	日本基督教団天満教会	P.45

	建物番号	名称	掲載ページ
	39	日本基督教団浪花教会	P.32
	68	日本聖公会川口基督教会	P.47
	32	日本生命保険相互会社本館	P.29
は	94	ハドソンストリート1947（北浜ゲイトビル8階）	P.61
	75	原田産業株式会社大阪本社ビル	P.50
ふ	54	フジカワビル［丸一商店］	P.38
	43	伏見町 宗田家住居［CuteGlass Shop and Gallery］	P.34
	41	伏見ビル	P.32
	09	ブリーゼタワー	P.17
ほ	57	本願寺津村別院［北御堂］	P.39
ま	07	マヅラ（大阪駅前第1ビル）	P.17
み	84	味園ユニバースビル	P.53
	24	三井住友銀行大阪本店ビル	P.25
	51	三井住友銀行大阪中央支店・天満橋支店	P.37
	58	御堂ビル［竹中工務店大阪本店］	P.21/40
	66	ミライザ大阪城（大阪城公園内）	P.46
め	92	綿業会館	P.60
も	90	もと なにわの海の時空館	P.57
や	88	八木邸	P.55
	60	安井建築設計事務所本社ビル	P.41
	63	山本能楽堂	P.45
ゆ	56	輸出繊維会館	P.39
り	11	リーチバー（リーガロイヤルホテル）	P.18/43
	13	リバーサイドビルディング	P.18
る	61	ルポンドシエルビル［大林組旧本店］	P.41

LIVING ARCHITECTURE MUSEUM FESTIVAL OSAKA 2018

pic.1　大阪市中央公会堂外観（図版提供：大阪市中央公会堂）

イケフェス大阪2018に寄せて──
大阪市中央公会堂の100年

橋爪紳也
生きた建築ミュージアム大阪実行委員会委員長

　今年も「イケフェス大阪」を開催いたします。
　私たちが始めたフェスティバルは、建物所有者や関係者の皆様の深い御理解と協力を得て、恒例の催事となりました。昨年は、台風の影響による悪天候にも関わらず、延べで3万人ほどの方に参加いただくことができました。あらためて御礼を申し上げます。
　私たちは、人々の営みとともにあり、「生き生き」とその魅力を物語り続けている建築を、「生きた建築」と定義しました。
　大阪には、時代を超えて親しまれたがゆえに、歴史的な価値が生じた建築があります。また最近、竣工したばかりの優れたビルディングもあります。ともにこの地で育まれた建築文化の所産であり、また将来にわたって、大阪の都市景観をかたちづくる建物であるという点において、等しく大切な存在です。
　本年も、多くの建築関係者のご協力を得て、建物の一般公開やワークショップ、講演会などさまざまなプログラムを用意することができました。「生きた建築」と出会う「特別な2日間」を、楽しんでいただければ幸いです。

　さて「イケフェス大阪」では、年度ごとに、特定の建物やエリア、建築家や設計事務所に焦点をあてていきたいと考えています。本年は重要文化財に指定されている大阪市中央公会堂の100周年を祝福して、特別なプログラムを用意いたしました。ここでは公会堂の概要を、簡単に紹介しておきたいと思います。[pic.1]
　中之島公園には、日本銀行大阪支店、大阪市役所、大阪府立中之島図書館、大阪市立東洋陶磁美術館などの公的な施設が並び、シビックセンターをかたちづくっています。水が温む春には、多種多様な薔薇の花が咲き、冬にはイルミネーションが華や

かな夜景を演出します。大阪を代表する美観であると言ってよいでしょう。

中之島公園を特徴づけている建築群のなかでも、大阪市中央公会堂ほど、市民に愛されてきた建物はないでしょう。赤煉瓦の美しい外観は、市民の誇りであり、また画家や写真家に格好の題材を提供してきました。今も気候の良い時期には、周辺でスケッチをしているアマチュア画家の皆さんをみかけます。

実際、公会堂の姿は視点によって変化に富みます。堺筋から中之島公園に入って眺めると、アーチが特徴的な正面がアイストップとなっています。いっぽう三休橋筋を綿業会館あたりから北へ散策すると、遠くに赤煉瓦の壁面を見通すことができます。

また上階から東を見晴らすと、ちょうど真正面、遥かに大阪城の復興天守閣が視界に入ります。公会堂の竣工時には天守はまだなく、天守台を望むことができたのでしょう。公会堂は界隈のランドマークであると同時に、視点場でもあったわけです。

大阪市中央公会堂が、岩本栄之助という一個人の寄附をもとに建設されたことは、あまりにも有名です。栄之助は明治10年、安堂寺橋通2丁目で両替商を営む商家に生まれました。大阪市立商業学校を卒業したのち第四師団に入営、日露戦争に出征して軍功をあげました。

明治39年3月、人生の転機が訪れます。夭折した兄に代わって家督を相続、株式仲買人に転じました。明治40年、株式市場が大暴落した際、栄之助は全財産を投じて株価を買い支え、「北浜の風雲児」の異名を得ます。

明治42年8月、栄之助は第一国立銀行頭取であった渋沢栄一を団長とする渡米実業団に参加する機会を得ます。大阪からは、大阪商業会議所会頭であった土居通夫、大阪商船の中橋徳五郎社長なども同行していました。米国の諸都市を見聞するなかで、栄之助は富豪たちが公共事業に私財を投じていることを学びました。

視察の途上、父である栄蔵が病死したという知らせが届きます。急ぎ帰国して葬儀をすませると、亡父の遺訓と母の篤志に基づくものとして、100万円の寄附を大阪市に贈ると発表しました。今日の価値では50億円ほどにもなる破格の大金です。

しかし使途は、定まってはいませんでした。栄之助には「東洋的商業大学の設立」「学生や発明家を育成する基金の設立」「公会堂の建設」などの私案があったといいます。その後、大阪市との協議のなかで「公園設置」などの案も検討されました。さらに高崎親章大阪府知事、植村俊平大阪市長、財界の有力者などにも意見が求められました。たとえば大阪朝日新聞社の村山龍平は新市庁舎の建設を唱え、また渋沢栄一は「実業教育、女子教育もしくは養老院」の建設に充てるべきだと主張したといいます。

最終的に大阪市は、栄之助からの寄附金を、公会堂の建て替えに充てる方針を固めます。

すでに中之島公園には、明治36年の第五回内国勧業博覧会に際して建設された公会堂がありました。[pic.2] これを解体のうえ天王寺公園に移築、その跡地に堂々たるパブリック・ホールを新築しようというわけです。天王寺と中之島の2ヶ所に公会堂が開設される状況が想定されたことから、中之島の施設に「中央」の名が付与されたものと思われます。

ただ従前からの公会堂の敷地では、面積が不十分であったようです。そこで東側の隣地を占めていた豊国神社に相談、府立図書館西側の市有地、すなわち現在の市役所の敷地の一部との交換を行なうことで話がまとまります。中央公会堂の竣工に応じて、豊国神社は図書館の西に境内地を移転、さらに戦後になって大阪城内に遷ります。

建設の主体となる財団法人公会堂建設事務所が

pic.2　大阪府立中央図書館と旧公会堂
（図版提供：橋爪紳也コレクション）

設立され、辰野金吾が建築顧問に迎えられました。関係者の議論のもと、設計競技を実施して公会堂のデザインを求めることとなります。日本の建築界では画期的な試みでした。

日本建築学会に推薦を求めると、20人の建築家の名があがりました。このうち17名に参加を要請、最終的に13人が私案を提出しました。

審査の方法がユニークでした。設計顧問である辰野とともに、提出した建築家全員が参加して審査会を開催することになりました。結果、岡田信一郎の案が第一席に選ばれました。ちなみに第二席には長野宇平治、第三席に矢橋賢吉の作品が選定されています。

岡田は明治16年に東京で生まれました。東京帝国大学工科大学建築学科を卒業ののち、警視庁工師として活躍します。明治40年に東京美術学校の教員となり、さらに明治44年には早稲田大学に籍を移し講師を務めていました。

岡田案は、各種の歴史的な建築様式を折衷する「ネオ・ルネサンス様式」のデザインでした。とりわけ正面にあるコンポジット式の4本の柱で支持された大アーチが印象的です。入口上部に円弧を掲げる構成は、岡田が設計に加わったとされる警視庁の日比谷赤煉瓦庁舎でも採択されています。

岡田の原案をもとに、辰野・片岡建築事務所が実施設計を行いました。のちに辰野は「岡田工学士の原案を尊重すると共に、更に音響、採光、暖房其他の点に於て修正改善を加え、以て本建築構造上及使用上の目的に背かざらんことを期せり」と説明しています。

建設工事が始まります。大正2年3月9日に地鎮祭を実施、6月28日に起工の運びとなりました。鉄骨煉瓦造を基本に、壁や床、小屋組に鉄筋コンクリート造を併用する構造が採用されました。

2000人を収める大集会場の上に、500人が一度に会食できる大食堂を重ねる設計であったため、施工に困難が伴うことが予想されました。主任であった谷民蔵は、失敗をした場合、切腹を辞さない覚悟で臨んだと伝えられています。

栄之助は、毎日のように現場に顔を出したそうです。工事は順調でしたが、彼の人生は破綻します。大正5年10月22日、相場で大損失を被ったことを苦にして、自宅の離れに籠り短銃自殺を図ります。恩義のある北浜の仲買人たちは、大阪天満宮で夜を徹して回復を祈ったといいます。しかし願いも虚しく、5日後には帰らぬ人となりました。享年39、まさに激動の人生でした。

栄之助の遺志を継いで工事は続行、公会堂は大正7年10月に見事に竣工します。11月17日、600名の来賓を迎えて落成報告祭が挙行されました。神事や辰野金吾による報告のあと、寄附者である岩本家から大阪市へと公会堂を授与するセレモニーが始まります。

齢4歳になる栄之助の遺児が母に手をひかれて登壇、池上大阪市長に正面入口の鍵を収めた箱を手渡しました。翌日の新聞は「この刹那の光景は人をして更に故人を偲ばしめ切に涙を誘はしむるものあり、満場闃として声を呑みいづれも感激無量の體なり」と報じました。

寄附が発表された当時には、栄之助が相場師で

pic.3 竣工時の絵葉書（図版提供：橋爪紳也コレクション）

pic.4 夜景の絵葉書（図版提供：橋爪紳也コレクション）

pic.5 大集会室（図版提供：大阪市中央公会堂）

あったことから、その義捐を評価せず、眉をひそめた人もあったと伝えられています。しかし本人が自死を選んだことで、結果的に負のイメージは払拭され、人生を公共に費やした人物として高く評価されることになります。

　中央公会堂の壁面には、古典的なモチーフが自在に配置されています。柱頭の装飾だけでも、ローマ風コンポジット式、バロック風、セセッション風などが混じります。赤煉瓦を背景に、多様な装飾が浮遊しているかのように見えることから、華やかな印象を与えます。

　竣工時には「復興式」であり、かつ「準パラデヤン式」とその建築様式が説明されました。「パラディアン・スタイル」とは、16世紀の建築家アンドレーア・パッラーディオが確立したもので、古代ギリシアやローマの神殿建築を基にした復古調の様式です。豪華な階段から2階大広間に入る平面構成や、ベネチアン窓を好んで用いる点などに特徴があります。もっとも中央公会堂の場合は、典型的な「パラディアン・スタイル」というよりは、辰野金吾が西欧から学びつつ、自らの独創を重ねた「辰野式」とでも呼ぶべき様式でまとめられているとみるのが適切でしょう。[pic.3, 4]

　華やかなのは外観だけではありません。内部の空間演出も多彩です。2層に観客席をめぐらす1階の「大集会室」は、現在は固定席になっていますが、当初はフラットであり、多目的に利用されたようです。舞台と客席との境となるプロセニアムアーチの上には、金箔と金泥で彩られた「蘭陵王」が飾られました。[pic.5]

　3階にある「中集会室」は、当初は「大食堂」として利用されていました。折り上げ天井に配置された天窓には、船などをモチーフとするステンドグラスが用いられ、外光を採り入れています。各扉の上方に魚介や野菜など各種の食材をモチーフとした図案があり、この部屋が食堂であることを想起させてくれます。換気用のグリルには、伝統的な方位概念にのっとり、動物の透かし装飾が採用されています。たとえば「艮」の方角、すなわち北東の換気口には、虎が図案化されているといった具合です。[pic.6, 7]

　また現在、「特別室」と呼ばれている部屋は、そもそもは「貴賓室」と呼ばれていました。天井には、伊邪那岐（イザナギ）と伊邪那美（イザナミ）が、国づくりのために用いる天沼矛（あめのぬぼこ）を天つ神より賜る「天地開闢」の場面が描かれました。[pic.8]

　対して北側の壁には、素盞嗚尊（スサノオノミコト）、南側に太玉命（フトタマノミコト）の姿を描きます。素盞嗚尊は海を統治した神ですが、ここでは海上貿易による交易を表現、「商業の神」という役割を担います。対して太玉命は、天照大御神が天の岩戸に籠り世界が闇に包まれた際、玉飾りや八咫の鏡を製作

pic.6
中集会室
（図版提供：
大阪市
中央公会堂）

pic.7
中集会室の
ステンドグラス
（図版提供：
大阪市
中央公会堂）

pic.8 特別室（図版提供：大阪市中央公会堂）

して捧げた神です。ここでは「工業の神」として登場しています。日本神話に題材をとったこれらの絵画は、いずれも洋画家松岡壽の手になるものです。

商業と工業に関わる二神を一対として飾る方針は、外部にもおよびます。東側のアーチ屋根の上に、商業神であるメルクリウス、科学・工芸・平和の神であるミネルヴァの像が置かれたのです。屋内では日本神話の神々、屋上ではローマ神話の神々が、東洋最大の商工都市である大阪の栄華を祝福し、将来における繁栄を守護する役割を担ったわけです。

いっぽう貴賓室の西側の櫛形壁には、民の竈に立つ煙に感慨にふける仁徳天皇の故事が描かれています。対して東面、アーチを構成する半円状の窓には、鳳凰が舞う姿をデザインしたステンドグラスがはめこまれました。その足元には、大阪市章である澪標をモチーフにした装飾もあります。大阪にちなむ画題や意匠が、意識的に各所に配置されていることがわかります。

大正7年11月19日、一般公開が始まります。初日だけで1万数千人の来館者を迎えました。とりわけ人気を集めたのが、大阪ホテルが運営した地下階の食堂でした。営業は朝の11時から夜10時半まで、定食と一品料理が提供されました。誰でも自由に出入りできる「純然たる市民食堂」であると話題になりました。

ついで、大阪毎日新聞社による開館記念事業が始まります。尾崎行雄、鎌田栄吉などの時局講演会、婦人を対象とした講和と余興などが、連日、行われました。

以後、大阪市中央公会堂では、各種の講演会、見本市や商品会、企業の会合が実施されます。大正デモクラシーの世相のもと、国民党・政友会・憲政会などの演説会、普通選挙期成同盟会など政治団体による集会も行われました。賀川豊彦や高山義三が壇上に立った時は、解散命令がでる騒動も起こりました。

音楽会も行われました。大正7年12月21日の夜、大阪音楽大学の「創立3周年記念音楽会」が挙行されています。大正8年10月には来阪した露西亜歌劇団が「カルメン」「椿姫」「アイーダ」などのオペラを上演、大正12年5月にはフリッツ・クライスラー楽団、大正13年2月にはヨーゼフ・ラスカの指揮による宝塚歌劇管弦楽団が公演をしています。中央公会堂は、大阪が外国文化を受け入れる窓口でもありました。

ここでは私のコレクションから、国防婦人会総会の様子を伝える絵葉書、大阪服飾雑貨商連盟会

pic.9
国防婦人会総会絵葉書

pic.10
大阪服飾雑貨商連盟会
第六回見本市福引券

pic.11
宝塚少女歌劇団雪組公演

(pic9〜11 図版提供：
橋爪紳也コレクション）

第六回見本市の福引券、宝塚少女歌劇団雪組公演のパンフレットを紹介しておきましょう。多様な催事が行われたことがわかります。[pic.9, 10, 11]

その後の歩みは、大阪の近現代史と重なります。昭和16年、金属類回収令が公布されます。これを受けて、屋根の上に置かれていた神像は供出されました。商工都市である大阪の発展を願って飾られた神々も、戦時体制下にあって姿を消してしまいます。

昭和20年3月、最初の大阪大空襲では、猛火から逃れた市民1500人を受け入れました。同年6月の空爆では、米軍機が投下した焼夷弾が命中したといいますが、大事には至りませんでした。

敗戦ののち、大阪に進駐していた連合国軍総司令部は、公会堂を接収のうえキャバレーとして利用しようとしたそうです。これに対して大阪市会は、市民の唯一の集会施設であり、民主主義確立のためには欠かせないと反発したといいます。

戦後も、多目的に利用できる集会場として公会堂は存続しました。しかし、幾度もの改修で、内装は当初の面影を失いました。また耐震性に課題があったため、建て替えを促進するか、補強を施して保存をするべきかが検討されます。

市民の保存運動も起こります。建築家も利活用を議論、安藤忠雄氏は公会堂に卵型のホールを埋め込み、再生する構想を提案しています。議論の結果、保存・再生する方針が定められました。単に改修するのではなく、免震装置を地下に設けて地震に備えるとともに、スロープやエレベーターを新設してバリアフリー化もすすめることになりました。

平成11年3月、工事に着手、約4年の歳月を経て工事は完成しました。この改修が評価されたのでしょう、大阪市中央公会堂は平成13年12月、国の重要文化財に指定されることになります。この時、屋上の神像も幸いなことに復元されました。[pic.12]

私は、優れた建築は、世代を超えて手渡してゆくべき公共財だと考えます。大阪市中央公会堂は、ひとりの市民が、公共に資するという高い志と覚悟をもって寄附をしたパブリック・ホールです。また多くの市民が利用し、保存に協力してきました。まさに市民によって建設され、市民によって維持された、市民のための建物といって良いでしょう。私たちはこの名建築を、次の100年、さらに将来にわたって、「生きた建築」として、使い続けなければいけません。

「イケフェス大阪」の期間中に、ぜひ大阪市中央公会堂に足を運んでいただき、日本を代表する公会堂建築の素晴らしさを、あらためて認識していただければ幸いです。

pic.12
屋根上の神像
(撮影:橋爪紳也)

橋爪 紳也
はしづめ しんや

大阪府立大学研究推進機構教授、大阪府立大学観光産業戦略研究所所長。大阪市立大学都市研究プラザ特任教授、浙江大学客員教授。
昭和35年大阪市生まれ。京都大学工学部建築学科卒業、同大学院工学研究科修士課程、大阪大学大学院工学研究科博士課程修了。建築史・都市文化論専攻。工学博士。
『倶楽部と日本人』『明治の迷宮都市』『日本の遊園地』『集客都市』『モダン都市の誕生』『飛行機と想像力』『にっぽん電化史』『大大阪モダン建築』『大大阪の時代を歩く』『1970年大阪万博の時代を歩く』ほか著書多数。
大阪活力グランプリ特別賞、日本観光研究学会賞、日本建築学会賞、日本都市計画学会石川賞など受賞。

中央公会堂でのプログラム

イケフェス大阪2018のプログラム

詳しくはP.58,59[特集4]へ

- 特別公開
- 京阪文化フォーラム
- 展示
- クロージングシンポジウム

特別連携

大阪市中央公会堂開館100周年記念イベント

記念講演会「中央公会堂の近代建築としての特色と価値」 【要申込】

映像や音楽を交えて、これまでの歩みを振り返りながら、
専門家による基調講演や対談で中央公会堂の魅力を掘り下げます。

日時＝11月16日(金) 18時30分～21時／場所＝大集会室
内容＝「語り部シアター」中央公会堂をテーマにした語りと映像と生演奏による上演
　　　基調講演・対談　出演：橋爪紳也(P.11参照)、山形政昭(P.44参照)

ウィーン・フィル アンサンブルコンサート 【要申込】

世界的な管弦楽団からこの日のためにスペシャル編成
したアンサンブルによるコンサートを開催。

日時＝11月17日(土) 16時～18時
場所＝大集会室／参加費＝席種による

大阪芸術大学連携企画 展示・コンサート

展示 日時＝11月16日(金)～18日(日)
　　　場所＝中集会室

コンサート 日時＝11月18日(日) 15時～17時
　　　場所＝大集会室 【要申込(先着順)】

申込方法・詳細　大阪市中央公会堂開館100周年特設サイト (http://www.osaka-chuokokaido100.jp)
　　　　　　　　より確認ください

12　生きた建築ミュージアムフェスティバル大阪2018

プレイベント

今年のイケフェス大阪は、お馴染みの通天閣から日本最古の木造幼稚園まで、プレ期間ならではの特別な顔ぶれでスタートします。1年間、お待たせしました。イケフェス大阪2018、始まります。

01　愛珠幼稚園

所在地　中央区今橋3-1-1
建設年　1901年
設計　伏見柳、久留正道、中村竹松
　　　［国指定重要文化財］

 一部可

Ⅱ・エ・2
→P.73

特別公開　要申込

日時＝10月20日（土）①10時〜　②10時30分〜　③11時〜
④11時30分〜　⑤13時〜　⑥13時30分〜　⑦14時〜
⑧14時30分〜　⑨15時〜　⑩15時30分〜（各回約30分）
定員＝各20名／参加費＝無料［申込方法］P.03参照
●現役の幼稚園園舎のため、建物内部の写真撮影はできません。
●園舎内のトイレは当日使用できません。

瓦屋根の木造園舎は現存する日本最古の幼稚園園舎で、重要文化財に指定されている。創設したのは北船場の連合町会。大事なものをしっかり育む、大阪の知性を現している。

02　関西大学千里山キャンパス

所在地　吹田市山手町3-3-35
建設年　1955年以降
設計　村野藤吾 他

Ⅶ・ウ
→P.79

photo. 熊博毅

巨匠・村野藤吾と関西大学との関係は深い。戦後間もない1949年から晩年の1980年にかけて、千里山キャンパスで約40の建物を実現。その約半数が現存し、機能と立地を受け止めた多彩な表情を見せている。

建物からの一言　これまであまり公開されていない関大一高一中エリアを中心にご案内します。

関西大学千里山キャンパスツアー
（関大一高一中校舎を中心に）　要申込

日時＝10月25日（木）15時〜（約90分）
定員＝30名／参加費＝無料／案内人＝橋寺知子
［申込方法］P.03参照
●使用中の校舎内には立ち入れない場合があります。
●起伏のあるキャンパスです。歩きやすい靴、服装でお越しください。

橋寺知子
はしてら　ともこ

1965年神戸市生まれ。関西大学環境都市工学部准教授、博士（工学）。専門は近代建築史。著書（共著）に『関西のモダニズム建築—1920年代〜60年代、空間にあらわれた合理・抽象・改革』（淡交社）など。

03 泉布観

所在地　北区天満橋1-1-1
建設年　1871年
設計　　T・J・ウォートルス
　　　　[国指定重要文化財]

Ⅶ・イ・1
→P.77

ガイドツアー　[要申込]

日時＝10月24日(水)
　　　①13時30分〜
　　　②14時45分〜（各回約45分）
定員＝各20名／参加費＝無料
[申込方法] P.03参照

現存する大阪で最も古い洋風建築であり、重要文化財に指定されている。「泉布」とは貨幣の意味。1871年に操業を開始した造幣局の応接所として建てられ、完成の翌年にここを訪れた明治天皇が命名した。

04 通天閣

大阪セレクション

所在地　浪速区恵美須東1-18-6
建設年　1956年
設計　　内藤多仲、竹中工務店
　　　　[国登録有形文化財]

Ⅴ・イ・3
→P.76

銀色に輝く姿は、大阪の戦後の元気のシンボル。戦中に失われた「通天閣」を、地元商店街の人々などが出資して復活させた。初代のイメージから脱皮したいという地元の意向で、デザインは一変した。それがまた元気。

社長トーク＆ガイドツアー　[要申込]

日時＝10月26日(金) 18時〜（約60分）
定員＝21名(小学生以上)／参加費＝無料
[申込方法] P.03参照
● 階段でしか移動できない場所があります。
● 高所が苦手な方はご遠慮ください。

A スペシャルツアー 旧半田文化＋千鳥文化ツアー

Ⅶ・イ
→P.78

北加賀屋にまたひとつ、注目すべき建築が加わった。街の歴史を刻む木造2階建の文化住宅の外壁は残し、構造体を新たに置換して、大胆なリノベーションを実施した「旧半田文化」。昨年オープンしたコミュニティスペース「千鳥文化」と共に、2件の文化住宅の再生事例を建築家と巡る、必見のツアー。

日時＝10月26日(金)　[要申込]
　　　①13時30分〜　②15時30分〜（各回約60分）
定員＝各30名／参加費＝無料
案内人＝（半田文化）魚谷繁礼［魚谷繁礼建築研究所 代表］
　　　　（千鳥文化）土井亘［ドットアーキテクツ］
[申込方法] P.03参照　● 歩きやすい靴でお越しください。

● 旧半田文化
● 千鳥文化

この他にも、プレ期間中のプログラムとして、30 大阪府立中之島図書館(P.28)、42 青山ビル(P.33)、60 安井建築設計事務所本社ビル(P.41)、71 立売堀ビルディング(P.48)、90 もと なにわの海の時空館(P.57)、大阪〈生きた建築〉映画祭(P.62)、Architects of the Year 2018 (P.62)、生きた建築ナイト2018 (P.63)、Under35 Architects exhibision 2018 (P.63)、大阪市立大学(P.64)、洋館ミステリ劇場(青山ビル)(P.64)、日本テレマン協会 創立55周年記念特別演奏会(P.65)、なんばスカイオ(P.65)が開催されます。

LIVING ARCHITECTURE MUSEUM FESTIVAL OSAKA 2018

メインイベント

メイン期間（10月28日[土]、29日[日]）中は、特別公開やガイドツアーなど充実のプログラムとあわせ、100周年を迎える大阪市中央公会堂との特別連携企画など4つの特集もご用意。ガイドブックを携えて、大阪のまちへ出かけましょう！生きた建築たちが扉を開いて、みなさんを待っています。

05 梅田スカイビル（新梅田シティ）

大阪セレクション

所在地　北区大淀中1-1-88
建設年　1993年
設計　　原広司＋アトリエ・ファイ建築研究所

I・ア・2
→P.71

ガイドツアー　要申込

日時＝10月27日（土）10時30分〜12時
定員＝15名（小学生以上）／参加費＝無料
案内人＝ビル管理会社 社員
［申込方法］P.03参照

● ツアーは空中庭園展望台40階、屋上の有料ゾーンへはまいりません。展望台への入場はツアー終了後、別途入場料が必要です。
● 施設内外を歩いて巡ります。動きやすい服装・靴でお越しください。

シルエットですぐにそれと分かる。そんな建築が日本にどれだけあるだろう？建築家の原広司に設計を託して、近くで見ても多様な造形。2棟をつなぐ部分は地上で建設され、1日で持ち上げられた。建設技術もすごい。

[建物からの一言] 今年開業25周年を迎えた『梅田スカイビル』。海外でも評価の高い連結超高層ビルのツアーです。

06 大阪富国生命ビル

所在地　北区小松原町2-4
建設年　2010年
設計　　清水建設株式会社、ドミニク・ペロー

I・ウ・2
→P.71

ガイドツアー　要申込

日時＝10月27日（土）①10時30分〜 ②12時30分〜（各回約50分）
定員＝各20名（中学生以上）／参加費＝無料／案内人＝前田茂樹　［申込方法］P.03参照

フランスの世界的建築家ドミニク・ペローの発想から作られた。彼にとっては、複雑な地下街と接続する超高層ビルという条件が新鮮で、したがって、それをつなぐ吹き抜けに力が注がれた。外観は樹木になぞらえたもの。

前田 茂樹
まえだ しげき

大阪大学建築工学科卒業、東京藝術大学大学院中退。DPA（ドミニク・ペロー・アーキテクチュール）に2000〜2010年勤務し大阪富国生命ビルを担当。現在は大阪工業大学建築学科にて准教授として教鞭をとりつつ、ジオグラフィック・デザイン・ラボを設立し国内外の建築設計に携わる。

07 マヅラ（大阪駅前第1ビル）

所在地　北区梅田1-3-1
　　　　大阪駅前第1ビル B1F
建設年　1970年
設計　　祖川尚彦建築事務所

→P.71　I・イ・3

休日特別営業
日時＝10月28日（日）12時〜17時30分
- 10月27日（土）9時〜18時は通常営業しています。
- 内部見学のみを目的とした店内への立入はできません。喫茶をご利用ください。
- 店頭では、特別写真展〜懐かしのマヅラ〜も開催中です！

そのデザインから近年再評価の著しい喫茶店「マヅラ」のコンセプトはずばり「宇宙」。1970（昭和45）年という時代と相俟って、唯一無二の空間が生みだされた。90歳を超えたオーナーが現役なのも素晴らしい。

08 King of Kings（大阪駅前第1ビル）

所在地　北区梅田1-3-1
　　　　大阪駅前第1ビル B1F
建設年　1970年
設計　　沼田修一

→P.71　I・イ・3

特別公開
日時＝10月27日（土）10時〜12時／定員＝なし／参加費＝無料
- 10月27日（土）12時〜23時は通常営業時間です。この時間は内部見学のみを目的とした店内への立入はできません。バー・喫茶をご利用ください。

有名喫茶店マヅラの姉妹店で、同じ1970（昭和45）年にオープンしたバー。宇宙的なインテリアはほぼ当時のままで、大阪万博の時代の雰囲気を強く感じさせる。壁一面のガラスモザイクタイルがなんとも幻想的。

建物からの一言　設計、工事監理それぞれのご担当者が登場します！貴重なお話も楽しんで。

09 ブリーゼタワー

所在地　北区梅田2-4-9
建設年　2008年
デザインアーキテクト
　　　　クリストフ・インゲンホーフェン

→P.71　I・イ・3

ガイドツアー　【当日先着】
オフィス、ホール、商業エリアなどタワー内全般の巡回案内を行います。
日時＝10月27日（土）・28日（日）両日とも
　①10時〜　②11時30分〜　③13時30分〜　④15時〜
　（各回約40分）
定員＝各25名／参加費＝無料
- 各回15分前より整理券配布。配布場所＝ブリーゼタワー 1階 吹抜け
- 当日事情により各エリアへの入場・入室をご遠慮いただく場合があります。
- 定員数を超えた場合は入場制限する場合があります。また、階段でしか移動できない場所があります。
- 足元が悪い箇所がありますので、歩きやすい靴、服装でおこしください。
- 一部、写真撮影をご遠慮させていただく場合があります。
- 期間中、ブリーゼタワー商業施設内 6階吹抜け周りにて旧ビル（産経会館）時代の写真や新築時の模型、パネル、写真などの展示を行います。

サンケイビルの跡地に建つ超高層ビルは、国際コンペの名だたる建築家の中から、若手ドイツ人建築家がデザインアーキテクトに選ばれ話題に。2020年東京五輪のロゴをデザインした野老朝雄氏が関わるなど見どころも多い。

建物からの一言　ブリーゼタワーは今年竣工10周年を迎えます。石井幹子氏による夜間ビルトップの演出照明を点灯。

10 ABC本社ビル

所在地　福島区福島1-1-30
建設年　2008年
設計　　隈研吾(隈研吾建築都市設計事務所)
　　　　NTTファシリティーズ

Ⅱ・ア・2
→P.72

ガイドツアー：放送局の裏側見学会　　　　　要申込
日時＝10月27日(土)　①13時～　②15時30分～(各回約90分)
定員＝各15名(小学生以上)／参加費＝無料
案内人＝朝日放送グループホールディングス株式会社 社員　[申込方法] P.03参照
● 番組関係者との会話、撮影などはご遠慮ください。● ガイドの指示には、必ず従ってください。

再生木材を使用した千鳥格子のルーバーは、設計チームに加わった隈研吾らしいデザイン。堂島川沿いの広場に面して、公開番組の収録を行う多目的ホールが設けられ、広場と市民と放送局との接続が試みられている。

建物からの一言　地震に備えた地下免震構造などもご覧いただく予定です。

11 リーチバー
(リーガロイヤルホテル)

 大阪セレクション

所在地　北区中之島5-3-68
建設年　1965年
設計　　吉田五十八

Ⅱ・ア・2
→P.72

日本の民芸運動に影響を与えた陶芸家バーナード・リーチの着想をもとにした寛げる空間。重厚なナラ材の床、味のある煉瓦、曲木の椅子やテーブル、河井寛次郎や濱田庄司など大家の作品が、贅沢に取り合わされている。

建物からの一言　開業当初から変わらぬ装いのバーです。

特別優待券配布　本ガイドブックをご提示の方に、次回ご来店時に使える優待券をプレゼント。
日時＝10月27日(土)・28日(日) 両日とも11時～24時(L.O.23時45分)
● 内部見学のみを目的とした店内への立ち入りはできません。● ワンドリンク注文をお願いいたします。

12 リバーサイドビルディング

所在地　北区中之島3-1-8
建設年　1965年
設計　　岸田建築研究所(岸田日出刀)
　　　　[国登録有形文化財]

Ⅱ・イ・2
→P.72

トークセミナー「建物の特徴と建設に至るまで」
日時＝10月27日(土)・28日(日) 両日とも
　　　①10時～　②11時～　③13時～　④14時30分～(各回約30分)
定員＝なし／参加費＝無料／場所＝2階co-ba nakanoshima

土佐堀川に沿って微妙に湾曲するシルエットが印象的なオフィスビル。設計は東京大学教授を務め、丹下健三など著名な建築家を輩出した岸田日出刀の事務所。この時代らしい水平連続窓からの川の眺めが素晴らしい。

建物からの一言　会場は今年リノベーションされたばかりの、コワーキングオフィスです。是非お越しください。

13 大阪府立国際会議場
[グランキューブ大阪]

所在地　北区中之島5-3-51
建設年　2000年
設計　黒川紀章建築都市設計事務所

Ⅱ・ア・3
→P.72

ガイドツアー　[要申込]
日時＝10月27日(土)
　　　①9時30分〜　②11時〜　③14時30分〜　④16時〜（各回約60分）
定員＝各20名(18歳以上)／参加費＝無料　[申込方法］P.03参照
- ヘリポートへは階段を使用しますのでハイヒール不可（ヘリポート見学のみ雨天中止）
- 3階以上のフロアでは会議等が開催されておりますので、立入りはご遠慮ください。
- ガイドツアー以外の方は2階まで見学可。

オリジナル・パンフレット配布
● お1人様1部までの配布となります。
10月27日(土)・28日(日)両日とも9時〜17時／配布場所＝1階総合案内

機械で分割できるメインホール、ドーム型の特別会議室、真っ赤な屋上のアンテナから江戸時代のデザインにヒントを得た机や椅子まで、設計者・黒川紀章の面白さが詰まった「グランキューブ」(大きな立方体)だ。

[建物からの一言] ガイドツアーではヘリポートへ。地上104mからの360度パノラマは絶景。

14 ダイビル本館

大阪セレクション

所在地　北区中之島3-6-32
建設年　2013年(旧ダイビル本館1925年)
設計　日建設計
　　　(旧ダイビル本館 渡邊建築事務所)

Ⅱ・イ・2
→P.72

ガイドツアー　[当日先着]
日時＝10月27日(土) ①14時〜 ②14時30分〜 ③15時〜
　　　④15時30分〜（各回約20分）
定員＝各20名／参加費＝無料／案内人＝ダイビル関係者
- 整理券が必要です。配布場所＝1階エントランスホール／
　配布時間＝13時30分（全4回の配布を同時に行います。)
- ダイビルサロン内での写真撮影はご遠慮ください。

こども向けガイドツアー＆ワークショップ　[要申込]
クイズありの楽しいガイドの後は、
ペーパークラフトで世界に一つだけのダイビル本館を作ろう！
日時＝10月27日(土) 10時〜（約90分）
定員＝15組30名（小学生とその保護者各1名）／参加費＝無料
案内人＝ダイビル関係者／協力＝㈱大林組　[申込方法］P.03参照
- 簡単な色付け作業がありますので汚れても良い服装でお越しください。

● 両プログラムとも、参加者には記念品をプレゼント！

通りに面して彫りの深い装飾を配し、彫刻家・大蔵貞蔵の「鷲と少女の像」が玄関上部に乗る。壮麗な玄関ホールや外壁も含め、大正時代のビルの内外装を新ビルに丁寧に継承。物語性のある雰囲気を界隈に提供している。

[建物からの一言] 恒例のダイビル関係者によるガイドツアーのほか、こども向けワークショップを実施します。

[特集1] こどもスペシャル

イケフェス大阪、不変のテーマの1つ、「こども」。
生きた建築に触れる体験の中で、大人には見つけられない、たくさんの「なぜ?」、「どうして?」に出会えるはず。そんな思いから、今年もこどもが主役のプログラムをご用意しました。五感をフル稼働させ、全力で楽しんでください。

15 スリープカプセル
[カプセルイン大阪]

所在地　北区堂山町9-5
建設年　1979年
設計　黒川紀章建築都市設計事務所

Ⅰ・ウ・2
→P.71

ガイドツアー　要申込
日時=10月28日(日) 14時〜(約90分)
定員=25名
　(小学生、中学生のお子さまと保護者。1グループ最大4名まで)
参加費=1名あたり1,000円／案内人=倉方俊輔
[申込方法] P.03参照
● こどもだけ、大人だけの参加はできません。

都会的な宿泊施設として今、注目されているカプセルホテル。その第一号がここ。考案者が黒川紀章に設計させた最初のスリープカプセルが健在だ。曲面の構成や手元で操作できる機械類など、未来のイメージが新鮮。

建物からの一言　こどもツアーを卒業したみなさまにも朗報！家族みんなでご参加ください。

B スペシャルツアー
こどもツアー

P.72

毎年恒例のこどもツアー。今回は中之島の西側の建築を中心に巡ります。
建築のいろんな謎を、倉方俊輔がわかりやすく解説します。

日時=10月28日(日) 10時〜(約120分)　要申込
定員=10組20名(小学校1〜3年生と保護者各1名のペア)
参加費=無料／案内人=倉方俊輔
コース= 13 大阪府立国際会議場、
　　　　14 ダイビル本館 など
● 動きやすい服装でお越しください。(ハイヒール不可)

各建物では個別のプログラムも実施しています。
詳しくはP.19で。

14 ダイビル本館

● 昨年の様子

13 大阪府立国際会議場

14 ダイビル本館	58 御堂ビル[竹中工務店大阪本店]	79 浪花組本社ビル
こども向けガイドツアー＆ワークショップ（P.19参照） 要申込	ワークショップ：大工さんとカンナ削り・お箸作り体験（P.40参照）	ワークショップ：左官体験（P.51参照）

87 大阪くらしの今昔館　ワークショップ：カンナがけ体験（P.55参照）

COLUMN 建築はいろんな社会の入り口
倉方俊輔

「建築」に注目しませんか？街の中にあるどれも、形を決めた人がいます。そして、作った人たちがいます。

形を決める人のことを「設計者」と呼びます。「建築家」とも言います。作る人たちは「施工者」（せこうしゃ）、少し難しい言い方ですが、建てるのには大勢の人たちが関わります。大工さん、左官さんなど、多くの種類の作る人たちをまとめて、施工者と呼びます。

建築は「建物」と、何が違うのでしょう？実はほぼ一緒です。ただし、頭を働かせながら建物に接する時、よく「建築」という言葉が使われます。

だから、考えてみましょう。例えば、設計者はなぜこの形にしたのでしょうか？「こどもツアー」では、実際にいくつかの建築を巡って、その謎を解いていきます。「ダイビル×大林組 こども向けガイドツアー＆ワークショップ」では、紙の模型を作って形を確かめます。

施工者も、とても大事な人たちです。大工さんとは「御堂ビル カンナでのお箸作り体験」で、左官さんと「浪花組 左官体験」で出会えます。昔から伝わっている壁塗りやカンナがけの技を教えてもらいましょう。さあ、うまくいくでしょうか？

「建築」の面白さは、時代によって、形の決め方も、作り方も変わること。もっと言うと、何を「建築」と捉えるかも変化するのです。そんな少し奥深いことも、世界初のカプセルホテル「スリープカプセル ガイドツアー」では話します。「建築」に注目すると、社会のいろいろなことが分かる。楽しく、勉強できるのです。

倉方俊輔
くらかた　しゅんすけ

1971年東京都生まれ。大阪市立大学大学院工学研究科准教授。建築史に関連する研究、執筆、批評をはじめ、人々にとって建築がより身近になるための活動に幅広く携わっている。日本建築設計学会幹事、住宅遺産トラスト関西理事、東京建築アクセスポイント理事ほか。著書に『東京レトロ建築さんぽ』『ドコモノン』『吉阪隆正とル・コルビュジエ』、共著に『大阪建築みる・あるく・かたる』『伊東忠太建築資料集』などがある。

16 中央電気倶楽部

大阪セレクション

所在地　北区堂島浜2-1-25
建設年　1930年
設計　葛野建築事務所(葛野壮一郎)

 I・イ・4
→P.71

ガイドツアー　要申込

日時＝10月28日(日)
　　　①10時〜　②13時(各回約90分)
定員＝各20名(中学生以上)
参加費＝無料／案内人＝高岡伸一
[申込方法] P.03参照

- 当倶楽部は会員制のため、通常は非公開です。
- 写真撮影は個人の鑑賞に限定し、ネットへの投稿等不特定多数への開示はお断りします。

高岡伸一
たかおか しんいち

1970年大阪生まれ、大阪在住。大阪大学修了後、1996年昭和設計入社。2004年より高岡伸一建築設計事務所主宰。2018年より近畿大学建築学部建築学科准教授。生きた建築ミュージアム大阪実行委員会事務局長。

関西の電気関係者が中心となって設立された社交倶楽部の3代目の会館であり、西天満の大江ビルヂングと同じ建築家の設計。それに通じる幾何学的なデザインも見られる。大ホール、大食堂、ロビー(談話室)、撞球室などがある。

17 株式会社遠藤克彦建築研究所 大阪オフィス(江戸堀辰巳ビル)

所在地　西区江戸堀1-22-19
改修設計　遠藤克彦建築研究所

一部不可

 II・イ・3
→P.72

「(仮称)大阪新美術館」の設計者に選ばれた建築家が、建設地・中之島の近くに構えた建築設計事務所。倉庫をリノベーションした伸びやかで機能的な空間に、2021年度中の開館を目指すスタッフたちの熱意が満ちる。

建物からの一言 大阪新美術館・大子町新庁舎・他コンペなど多様なプロジェクトを展示。

特別公開

日時＝10月27日(土)・28日(日)
　　　両日とも10時〜17時30分
定員＝なし(小学生以上)／参加費＝無料

- 3階オフィス部分のみの公開です。他の場所への立ち入りはご遠慮ください。
- 展示している模型には手を触れないでください。

遠藤克彦
えんどう かつひこ

1970年横浜市生まれ。1992年武蔵工業大学(現 東京都市大学)工学部建築学科卒業。1995年東京大学大学院 工学系研究科 建築学専攻修士課程修了。1997年遠藤建築研究所設立。1998年同大学院博士課程退学。2007年株式会社遠藤克彦建築研究所に変更。2010年〜2016年東京工芸大学工学部建築学科非常勤講師。2011年慶應義塾大学大学院理工学研究科非常勤講師。2011年〜2014年国士舘大学理工学部理工学科建築学系非常勤講師。2014年工学院大学建築学部非常勤講師。2015年〜日本大学工学部建築学科非常勤講師。

18 日本基督教団 大阪教会

大阪セレクション

所在地　西区江戸堀1-23-17
建設年　1922年
設計　　ヴォーリズ建築事務所（ウィリアム・メレル・ヴォーリズ）
　　　　［国登録有形文化財］

📍Ⅱ・イ・2
→P.72

教会を得意としたW・M・ヴォーリズによる、赤煉瓦のプロテスタント教会。簡素なロマネスク様式で、正面玄関上のバラ窓と6層の塔が象徴的。阪神淡路大震災で被害を受けたが、見事に修復された。

建物からの一言　1874年設立の日本で最も古いプロテスタント教会の一つです。ヴォーリズ建築の代表作の一つである聖堂は、96年間の祈りが満ちた空間です。

特別公開　日時＝10月27日(土) 15時〜16時30分／定員＝なし／参加費＝無料

19 江戸堀コダマビル
［旧児玉竹次郎邸］

大阪セレクション

所在地　西区江戸堀1-10-26
建設年　1935年
設計　　岡本工務店（山中茂一）
　　　　［国登録有形文化財］

📍Ⅱ・イ・2
→P.72

特別公開
日時＝10月27日(土) 10時〜18時／定員＝なし／参加費＝無料
● 2階事務所にて「江戸堀コダマビルリーフレット」を無料でプレゼント！

清水由希子 ソプラノコンサート（ピアノ：三原寛志）　［当日先着］
日時＝10月27日(土) ①13時〜 ②14時〜（各回約40分）
定員＝各20名／参加費＝無料

綿布商を営む児玉竹次郎の本宅として建てられた。設計施工を担当した岡本工務店はヴォーリズと関係が深く、スパニッシュに和風を折衷したデザインとなっている。かつては背面に江戸堀川が流れていた。

建物からの一言　ビル内部を「大正・昭和の家庭用品展示室」とともに特別無料公開、1階「レッスンホール」にてソプラノコンサートを開催します！

リーフレットについて
江戸堀コダマビルで配布されるリーフレットは、船場近代建築ネットワークが企画・発行しているもので、コダマビルの歴史と特徴がコンパクトにまとめられています。
イケフェス大阪2018では、江戸堀コダマビルのほかに、76 大阪農林会館(P.50)のリーフレットも配布します。※配布場所等は各プログラムでご確認ください。

20 堂島サンボア

所在地　北区堂島1-5-40
建設年　1955年
設計　川島宙次

Ⅰ・イ・4
→P.71

外観はイギリスの民家などに用いられるハーフティンバースタイル。むき出しの木の味わいは内部にも連続し、カウンターで磨き上げられた真鍮の肘掛けと足掛けが美しい。時間が醸し出した寛ぎのデザインを味わいたい。

建物からの一言 ご参加の方には、ハイボールもしくはソフトドリンク（お茶）を1杯サービス！入場時にご注文をうかがいます。

特別公開＆解説　[要申込]

日時＝10月27日(土) 13時〜14時
定員＝25名／参加費＝無料
案内人＝江 弘毅　[申込方法] P.03参照

江 弘毅
こう ひろき

1958年、大阪・岸和田生まれの岸和田育ち。『ミーツ・リージョナル』の創刊に携わり12年間編集長を務めた後、現在は株式会社140B取締役編集責任者に。「街」を起点に多彩な活動を繰り広げている。著書に『「街的」ということ』(講談社現代新書)、『「うまいもん屋」からの大阪論』(NHK出版新書)、『濃い味、うす味、街のあじ。』『いっとかなあかん店 大阪』(以上、140B)、『有次と庖丁』(新潮社)、『飲み食い世界一の大阪』『K氏の大阪弁ブンガク論』(以上、ミシマ社)など。2017年より神戸松蔭女子学院大学教授。

---

21 中之島フェスティバルタワー

所在地　北区中之島2-3-18
建設年　2012年
設計　日建設計

Ⅱ・ウ・2
→P.72

2700人収容の大ホールにオフィスを載せた大胆な構造。その迫力は13階のスカイロビーに現れている。大階段の先に設けられたフェスティバルホールは、優れた音響特性で知られた旧ホールを最新技術で進化させた。

建物からの一言 今年もフェスの大階段がステージに。大阪大学のJAZZバンドが出演。

コンサート

日時＝10月27日(土) ①11時〜 ②14時〜 (各回約60分)／定員＝なし／参加費＝無料
●観覧スペースは限られており、高齢者の優先席以外は立ち見になります。

---

22 中之島フェスティバルタワー・ウエスト

所在地　北区中之島3-2-4
建設年　2017年
設計　日建設計
（構造・設備設計協力：竹中工務店）

Ⅱ・イ・2
→P.72

ガイドツアー　[当日先着]

日時＝10月28日(日) ①11時〜 ②13時〜 (各回約45分)／定員＝各20名／参加費＝無料
●受付は3階エントランスにて各回10分前から開始。　●北側の直通エスカレーターでお越しください。

ツインタワーでは国内最高を誇る高さ200mのビルは、ホテル、オフィス、美術館などが入る超複合ビル。丸みを持たせたシルエットは、朝日ビルの伝統を継承したデザイン。夜景では縦のストライプが更に強調される。

建物からの一言 四つ橋筋の両側に立つツインタワーの西棟。ビル内には中之島香雪美術館も。

23 大同生命大阪本社ビル

所在地 西区江戸堀1-2-1
建設年 1993年
設計 日建設計、一粒社ヴォーリズ建築事務所

Ⅱ・ウ・2
→P.72

メモリアルホール休日特別開館
日時＝10月27日(土)・28日(日) 両日とも10時～17時
定員＝なし／参加費＝無料
場所＝本社2階
● メモリアルホールは、当地にあった大同生命旧肥後橋本社ビル(W・M・ヴォーリズ設計)の内外装の一部を用い、当時の様子を復元再生したものです。

ガイドツアー　要申込
日時＝10月27日(土)・28日(日) 両日とも16時～(約40分)
定員＝各25名／参加費＝無料
案内人＝大同生命保険株式会社 社員
[申込方法] P.03参照
● ガイドツアーは19階展望回廊、南館地下等を巡ります。

イケフェス特別ライトアップ
日時＝10月27日(土)・28日(日) 両日とも日没～21時

大同生命の前身である加島屋の広岡家と親戚であったヴォーリズによって、1925(大正14)年に建てられたネオゴシック様式の近代建築を踏襲して建て替えられた。一部オリジナルのテラコッタが再利用されている。

建物からの一言　エントランスホールに建立された広岡浅子像もご覧いただけます。

24 三井住友銀行 大阪本店ビル

大阪セレクション
所在地 中央区北浜4-6-5
建設年 [1期]1926年 [2期]1930年
設計 住友合資会社工作部

Ⅱ・ウ・2
→P.72

旧住友本社と連携各社の本拠の「住友ビルディング」として建てられた。装飾を抑制した黄褐色の外壁は、黄竜山石と大理石を砕いて混ぜた擬石。コリント様式の列柱に支えられた大空間は、現在も銀行の大阪本店営業部として使用されている。

建物からの一言　今年もステンドグラスがある応接ロビーや圧巻の営業フロアを特別公開いたします！

特別公開
日時＝10月27日(土)・28日(日) 両日とも10時～17時
定員＝なし／参加費＝無料
● 北玄関(土佐堀川沿い)よりお越しください。
● 写真撮影はステンドグラスの部屋のみ可です。
● 飲食はご遠慮ください。

休日特別ライトアップ
日時＝10月27日(土)・28日(日) 両日とも日没～21時
定員＝なし／参加費＝無料

25 住友ビルディング

所在地　中央区北浜4-5-33
建設年　1962年
設計　　日建設計工務(現在:日建設計)

Ⅱ・ウ・2
→P.72

建物高さに制限があった高度経済成長期、面積確保のために横に広がって建てられた「マンモスビル」は、現在も賃貸オフィスビルとしてはフロア面積大阪最大。
龍山石を用いた旧住友ビルに並ぶ白銀色の対比にも注目。

ガイドツアー　[当日先着]
日時=10月27日(土) ①10時～ ②11時～ ③13時～ ④14時～ ⑤15時～ ⑥16時～(各回約45分)
定員=各35名／参加費=無料
● 整理券が必要です。配布場所=1階北側エレベーターホール、配布開始時間=9時45分(先着順に全6回分を配布)。● 雨天の場合は、屋上の案内を中止させていただきます。● 写真撮影不可箇所もございますので、予めご了承下さい。
● 飲食はご遠慮下さい。

[建物からの一言] 昨年の公式ガイドブックのトップページを飾った屋上をご案内します。

26 日本銀行大阪支店

所在地　北区中之島2-1-45
建設年　1903年/1980年
設計　　辰野金吾ほか/日建設計

Ⅱ・ウ・2
→P.72

特別公開　[要申込]
日時=10月27日(土) ①10時～ ②11時20分～ ③13時30分～ ④14時50分～(各回約60分)
定員=各50名／参加費=無料
[申込方法] P.03参照
● 駐輪場、駐車場はありません。公共交通機関を利用ください。● 飲食、喫煙は禁止。

東京の日本銀行本店の7年後に完成した、同じ明治の大建築家・辰野金吾の作品。左右対称の毅然とした佇まい。中央ドーム内部の重厚なインテリアも見ものだ。移設して残された階段室とともに明治時代を体験できる。

[建物からの一言] 普段入ることのできない屋内バルコニーや屋外バルコニーもご覧いただけます。

27 大江ビルヂング

所在地　北区西天満2-8-1
建設年　1921年
設計　　葛野建築事務所(葛野壮一郎)

Ⅰ・ウ・4
→P.71

裁判所の近くの貸ビルは、弁護士事務所としての用途を見込んで建てられて、もうじき100年。いまだ現役。交差点に建つ外観は、シンプルで個性的な形それぞれが浮遊したような、大正時代の軽やかさを感じさせる。

ガイドツアー　[要申込]
日時=10月27日(土) 11時～(約60分)
定員=20名／参加費=無料
案内人=遠藤秀平、倉方俊輔(P.21参照)
[申込方法] P.03参照

遠藤秀平
えんどう しゅうへい

建築家。1960年生まれ。1986年京都市立芸術大学大学院修了。1988年遠藤秀平建築研究所設立。2007年～神戸大学大学院教授、2013年～天津大学客員教授。主な受賞歴に1993年アンドレア・パラディオ国際建築賞(イタリア)、2003年芸術選奨文部科学大臣新人賞、2004年第9回ヴェネツィアビエンナーレ特別金獅子賞(イタリア)、2010年公共建築賞、2011年IOC/IAKS Award2011(ドイツ)、2012年日本建築家協会賞、2016年建築学会教育賞など多数。

28　堂島ビルヂング

所在地　北区西天満2-6-8
建設年　1923年
設計　竹中工務店(藤井彌太郎)

📍I・ウ・4
→P.71

月刊島民プレス＆本づくりの現場
ビル竣工当時のタイルや模型の展示

日時＝10月27日(土)・28日(日)
　　　両日とも10時〜17時
定員＝なし／参加費＝無料
場所＝6階602号室(株式会社140Bオフィス)
　　　6階金庫室
- 公開範囲は1階エントランスと6階の602号室および金庫室のみです。写真撮影についても同様です。
- その他の場所の見学は、入居者の方のご迷惑になる可能性がありますので、ご遠慮ください。
- 602号室では大阪の建築をテーマにした書籍を販売するほか、月刊島民のバックナンバーも配布します。

御堂筋の拡幅工事よりも前に、絶対高さ制限の31mで建てられた。かつてはホテルや百貨店、倶楽部などが入居する複合ビルで、東京の丸の内ビルと比肩される存在だった。2度の改修で外観に面影はないが、躯体は当時のまま。

建物からの一言　本書の発売元で、『月刊島民』の編集部でもある株式会社140Bのオフィスなどを公開します。

今年で10周年を迎えた
中之島のフリーマガジン！

『月刊島民』は京阪電車中之島線の開業を機に2008年8月に創刊。中之島の歴史やカルチャーを発信し続けています。建築をテーマにした特集も多数。webサイトではバックナンバーも見られます。

29　大阪弁護士会館

所在地　北区西天満1-12-5
建設年　2006年
設計　日建設計

📍II・オ・1
→P.73

ガイドツアー　要申込

日時＝10月27日(土)
　　　①10時30分〜　②13時30分〜
　　　(各回約60分)
定員＝各20名／参加費＝無料
案内人＝日建設計 設計部門スタッフ
　　　　及び弁護士
[申込方法] P.03参照
- 会館内の人物及び近隣のマンション住戸内にカメラを向けないでください。
- 会議中の部屋がございますので、廊下ではお静かにお願いします。

「市民に開かれた弁護士会」というのが、この新会館の建設にあたって大阪弁護士会が決めたコンセプトの筆頭だった。吹き抜けのエントランスロビーは50mを超える長さ。美しい開放感で、開かれた姿勢を象徴する。

建物からの一言　今年初参加。普段公開していない最上階もご覧いただけます。

30 大阪府立中之島図書館

所在地 北区中之島1-2-10
建設年 [本館]1904年 [左右翼棟]1922年
設計 住友本店臨時建築部(野口孫市、日高胖)
[国指定重要文化財]

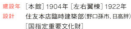
→P.73

住友家の寄付による図書館は、1世紀を超えて今も現役。住友に属した野口孫市、日高胖による設計は、当時の日本の古典主義様式の習熟度の高さを示している。2016(平成28)年からはカフェも開設された。

ガイドツアー 当日先着

- 日時=10月27日(土) 11時〜(約30分)
- 定員=15名(小学生以上)
- 参加費=無料
- 案内人=中之島図書館コンシェルジュ
- 受付=本館2階ライブラリーショップ内 (10時30分〜受付)
- 小学生の場合は保護者同伴のこと

展示:大林芳五郎展 〜近代大阪の礎を築いた偉人〜

- 日程=10月1日(月)〜11月26日(月)
- 時間=(月〜金)9時〜20時 (土)9時〜17時
- 場所=中之島図書館 本館3階 展示室
- 入場=無料
- 休み=日曜・祝日・10月11日(木) (10月28日(日)は9時〜17時臨時開場)
- 協力=株式会社大林組

展示:甲斐みのり『歩いて、食べる 東京のおいしい名建築さんぽ』
(エクスナレッジ刊)パネル展

本展のタイトルにもなっている文筆家・甲斐みのりさんの近刊掲載の、"建物の中でおいしいものが食べられる"名建築を、美しい大判の写真でご覧いただけます。

- 日程=10月1日(月)〜10月28日(日)
- 時間=(月〜金)9時〜20時 (土)9時〜17時
- 場所=中之島図書館 本館2階 中央ホール横/入場=無料
- 休み=日曜・祝日・10月11日(木)(10月28日(日)は9時〜17時臨時開場)
- 中之島図書館本館2階ライブラリーショップにて、本書籍を購入頂けます。
- 9月3日〜9月21日に開催のパネル展と同じ内容です。

31 グランサンクタス淀屋橋

所在地 中央区今橋3-2-2
建設年 1918年/1929年/2013年
設計 辰野片岡建築事務所 (改修)國枝博/(建替)IAO竹田設計

→P.73

近代建築の外壁を活かした分譲マンションは、全国的にも大変珍しい。最初は辰野金吾が設計し、10年後に國枝博が繊細な文様をもつテラコッタで外観を大改修、その壁を現代の法規に合わせて曳家して保存・活用した。

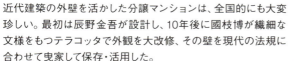 コホロ ELMERS GREEN コーヒーカウンターはこの秋で5周年を迎えました。器と自家焙煎コーヒーをお楽しみください。

ワークショップ:コーヒーテイスティング

エルマーズグリーンオリジナルのブレンドコーヒーの試飲を行います。スペシャルティコーヒーの風味を是非お試しください。また期間中、長崎の陶芸家・吉田健宗さんの作品も展示販売しております。合わせてお楽しみください。

- 日時=10月27日(土)・28日(日) 両日とも①11時〜 ②18時〜(各約60分)/定員=なし/参加費=無料
- 場所=1階 コホロ ELMERS GREEN コーヒーカウンター
- 器の撮影はご遠慮いただいております。店内の写真撮影の際はお気を付けください。

32 日本生命保険相互会社 本館

所在地 中央区今橋3-5-12
建設年 [1期]1938年 [2期]1962年
設計 [1期]長谷部竹腰建築事務所
　　　[2期]日建設計

→P.73　Ⅱ・エ・2

堂々とした変わらぬ姿で御堂筋に佇む生きた建築。装飾はほとんど無いが、全体のプロポーションを研ぎ澄ませ、隅を少し丸めるなど細部に配慮して、古典的な風格を街に与えている。この戦前の設計が持つ品位が隣の南館、裏手の東館の外観にも引き継がれている。

建物からの一言 関係者以外は入れないエントランスホールと貴重な資料が展示されたセミナールームを特別公開！

エントランスホール特別公開
日時＝10月27日(土)・28日(日) 両日とも12時〜14時
定員＝なし／参加費＝無料　●入口は御堂筋側です。
● 館内での飲食はご遠慮ください。● ゴミ等はお持ち帰りください。
● 多目的トイレはございません。● 館内でのベビーカーのご使用はご遠慮ください。

セミナールーム特別開放
日時＝10月27日(土)・28日(日) 両日とも12時〜15時
定員＝なし／参加費＝無料
● 入口は大阪メトロ淀屋橋駅8号出口すぐです。

33 今橋ビルヂング
[旧大阪市中央消防署今橋出張所]

所在地 中央区今橋4-5-19
建設年 1925年
設計 不詳
[国登録有形文化財]

→P.72　Ⅱ・ウ・2

特別公開
日時＝10月27日(土)・28日(日)
両日とも10時〜11時、15時〜16時
定員＝なし／参加費＝無料

休日特別営業
日時＝10月28日(日) 11時30分〜15時(L.O.14時)
(10月27日(土) 通常営業11時30分〜15時(L.O.14時)、17時30分〜23時(L.O.21時30分))
● レストラン営業時間帯は内部見学のみはできません。
　レストランをご利用ください。

かつて1階に消防車が止まっていた小さな消防署が再生され、イタリアンレストランに。2階と3階を貫くチューダー調のアーチが特徴。店名のダル・ポンピエーレはイタリア語で「消防士」の意味。

34 大阪倶楽部

所在地 中央区今橋4-4-11
建設年 1924年
設計 片岡建築事務所(安井武雄)
[市指定有形文化財]

→P.72　Ⅱ・ウ・2

大阪倶楽部は幅広い業種、業界の社交倶楽部として設立。中之島図書館と同じ設計者による初代の会館が焼失した後に建てられた現在の会館は、大阪ガスビルなどを後に手がける安井武雄の出世作と、建築家も一流だ。

ガイドツアー　要申込
日時＝10月27日(土) ①10時〜
　　　②11時30分〜(各回約60分)
定員＝各24名／参加費＝無料
[申込方法] P.03参照

建物からの一言 大阪で最も古い社交倶楽部です。大正モダニズムを是非体感ください。

連携プログラム「生きた建築ナイト2018」も開催。詳しくはP.63で。

35 日建設計大阪オフィス
（銀泉横堀ビル）

所在地　中央区高麗橋4-6-2
建設年　1986年
設計　日建設計

Ⅱ・ウ・2
→P.72

特別公開
日建設計イラストレーションスタジオ展
「DRAWN TO ARCHITECTURE」
日時＝10月27日(土) 10時〜17時
　　　10月28日(日) 10時〜15時
定員＝なし／参加費＝無料
● 展示は4階ロビー
● 7階ラウンジで休憩可

旧住友ビルを設計した住友本店臨時建築部を源流にもつ日本最大の建築設計事務所、日建設計のオフィスは、そこからほど近い淀屋橋の西エリアに位置する。この界隈は、沿道企業の協力による揃った並木の街路景観も注目。

建物からの一言　今回の特別展示として、日建設計118年の歴史の中で受け継がれてきた手描き建築イラストレーション作品が集合します。

36 北野家住宅

大阪セレクション

所在地　中央区平野町4-2-6
建設年　1928年
設計　不詳
　　　[国登録有形文化財]

Ⅱ・ウ・3
→P.72

特別公開
日時＝10月27日(土) 13時〜16時
　　　10月28日(日) 13時〜15時30分
定員＝なし／参加費＝無料
● 混雑時には入場を制限させていただく場合がありますので、ご了承ください。

都市の近代化の過程で建てられた木造3階建の町家。1階は改変されているが、かつては青物商を営んでいた。タイル張りの外壁と袖卯建、軒下の銅板で覆った箱軒など、防火への備えが見て取れる。

37 大阪ガスビル

大阪セレクション

所在地　中央区平野町4-1-2
建設年　[南館] 1933年 [北館] 1966年
設計　[南館] 安井武雄 [北館] 安井建築設計事務所(佐野正一)
　　　[国登録有形文化財]

Ⅱ・ウ・3
→P.72

ガイドツアー

日時＝10月27日(土)・28日(日)
　　　両日とも10時30分〜12時、
　　　13時〜16時30分
定員＝なし(小学生以上)
参加費＝無料

● 1階南側出入口前にお越し下さい。
　25名程度集まり次第、随時ご案内します。
　(所要時間約30分)
● 外壁補修工事中につき、工事用足場を設置しているため、外観はご覧いただけません。

設計は大阪倶楽部と同じ安井武雄だが、こちらは時代の最先端を行く幾何学的な外観で、都市改造の一環として拡幅された御堂筋に適合している。戦後に増築された建物の北側半分が、そのデザインを生き生きと引き継がれている点も見どころ。

建物からの一言　建設当時の雰囲気が残る南館1・2階、ガスビル食堂、北館屋上を中心にご案内します。

38 芝川ビル

大阪セレクション

所在地　中央区伏見町3-3-3
建設年　1927年
設計・基本構造　渋谷五郎(意匠：本間乙彦)
　　　[国登録有形文化財]

Ⅱ・エ・3
→P.73

昭和初期には辺りから抜きん出ていたビルも、超高層に囲まれるように。しかし、今も一目見たら忘れられない姿。内部もドラマティックだ。滑稽な妖怪が入口近くのプレートや梁の下に潜んでいるので、探してみよう。

建物からの一言　恒例のイケフェスCaféオープン！休憩や作戦会議など、ごゆっくりお楽しみください。

4階モダンテラス特別公開＆イケフェスCafé

日時＝10月27日(土)・28日(日)　両日とも9時〜18時(カフェ営業 10時〜16時)
定員＝なし／参加費＝無料(カフェの利用は有料)／協力＝自家焙煎珈琲バビルサ

● 4階以外は通常営業しております。内部見学のみを目的とした店舗への立ち入りはご遠慮ください。
● 特別展示　①「芝川家の住宅建築」：戦前の芝川家の本邸・別宅を紹介
　　　　　　②大阪歴史博物館 故・酒井一光さんによる雑誌「大阪人」の連載「発掘the大阪」から、イケフェス大阪参加建物の記事を集めたパネル展(主催：船場近代建築ネットワーク)

39 日本基督教団浪花教会

所在地 中央区高麗橋2-6-2
建設年 1930年
設計 竹中工務店
（ヴォーリズ建築事務所が指導）

Ⅱ・エ・2
→P.73

ソプラノ、サクソフォン、ピアノのコンサート 要申込
日時＝10月27日(土) 14時〜(約30分)
定員＝60名(小学生以上)
参加費＝無料 ［申込方法］P.03参照
● 演奏中の写真撮影はご遠慮ください。礼拝堂以外の部屋への立ち入りはご遠慮ください。
● 葬儀等で中止する場合があります。

特別公開
日時＝10月28日(日) 14時〜17時
定員＝なし／参加費＝無料
● 礼拝堂以外の部屋への立ち入りはご遠慮ください。
● 牧師による浪花教会についての解説を随時行います。
● 混雑時には入場を制限する場合があります。
● 葬儀等で中止する場合があります。

1877年(明治10)年設立の歴史をもつ。都心の狭い敷地に建つゴシック様式の教会で、尖塔アーチの色ガラスが美しい。ヴォーリズ建築事務所の指導により竹中工務店の石川純一郎が設計した。

建物からの一言 創立141周年を迎えたプロテスタント教会です。

40 東畑建築事務所(新高麗橋ビル)

所在地 中央区高麗橋2-6-10
建設年 1974年
設計 東畑建築事務所

Ⅱ・オ・2
→P.73

展示：東畑建築事務所「清林文庫」展＆オープンサロン2018
「清林文庫」展：創業者東畑謙三が選んだ世界有数の稀覯本
　　　　　　　特別展示 グーテンベルクの印刷革命
オープンサロン：市民と共に創り上げる取り組みの紹介
日時＝10月27日(土)・28日(日) 両日とも10時〜17時
定員＝なし／参加費＝無料

1932年に創業された、大阪を代表する建築設計事務所の一つ。発展の理由は、創業者・東畑謙三が実務的な設計に優れていたため。それが深い教養に根ざしていたことが伺える国内最大・最良の建築書のコレクションが特別に公開される。

41 伏見ビル

大阪セレクション

所在地 中央区伏見町2-2-3
建設年 1923年
設計 長田岩次郎
［国登録有形文化財］

Ⅱ・オ・3
→P.73

特別公開
日時＝10月27日(土)・28日(日) 両日とも12時〜17時
定員＝なし／参加費＝無料

当初はホテルとして建てられた。現在は客室を活かしたテナントビルとして使われている。1931(昭和6)年に所有者が変わった際、大規模な改修が施された。全体に丸みを帯びたデザインが特徴。

42 青山ビル

所在地　中央区伏見町2-2-6
建設年　1921年
設計　大林組（増築部：伊東恒治）
[国登録有形文化財]

→P.73　Ⅱ・オ・3

高級輸入食品を扱う野田屋などを展開した野田源次郎邸として建てられた。スパニッシュスタイルの外観を覆い尽くす蔦は甲子園から株分けされたもの。戦後間もなくに青山家が取得してテナントビルに。

建物からの一言 2017年度に文化庁美装化事業をした青山ビルは複数のプログラムを用意いたしました。

特別公開
日時＝10月27日（土）・28日（日）両日とも9時〜17時
定員＝なし／参加費＝無料
- 特別展示室をもうけ、青山ビルの資料や、洋館ミステリ劇場（P.64参照）について展示いたします。

青山ビル&Kirin Keller yamato 店舗内ガイドツアー　当日先着
日時＝10月27日（土）・28日（日）両日とも
　　①9時15分〜　②9時30分〜　③9時45分〜
　　④10時〜（各回10分）
定員＝各5名／参加費＝無料／案内人＝青山ビル所有者
- 各回1時間前より1階玄関ホールで整理券配布　●各回開始時間5分前に整理券を持参のうえ1階玄関ホールに集合してください。
- Kirin Keller yamato 北浜店協力

展示：大大阪時代と工芸・デザイン教育
—デ研創立30周年・バウハウス100周年—
①イントロダクション＝大大阪時代の時代背景・産業界
②大大阪時代と工芸・デザイン教育
③バウハウス式教育と山口正城　④図案科と建築科
日時＝10月23日（火）〜28日（日）12時〜19時
会場＝1F ギャラリー遊気Q
定員＝なし／参加費＝無料
- 大阪市立デザイン教育研究所宮本昌彦氏＆ギャラリー遊気Qコラボ展示

ガイドツアー　当日先着
日時＝10月27日（土）・28日（日）両日とも
　　①10時20分〜　②11時20分〜
　　③14時20分〜　④15時20分〜（各回40分）
定員＝各20名／参加費＝無料
案内人＝青山ビル所有者
- 各回1時間前より1階玄関ホールで整理券配布　●各回開始時間5分前に整理券を持参のうえ1階玄関ホールに集合してください。

ワークショップ　当日先着
てん刻（石のはんこ）を押して楽しむポチ袋づくり
日時＝10月27日（土）・28日（日）両日とも11時〜16時
　　　毎時00分に開始（所要時間30分、全6回）
場所＝2階 Salon des 有香衣
定員＝各4名／参加費＝500円
- 各回1時間前より1階玄関ホールで整理券配布
- 両日とも先着10名は無料

大人のVINTAGE LIFE MARKET 〜花・装・心〜
古き良きをテーマに、コンテンポラリーでストーリーを感じるアクセサリーや雑貨を、国内外より多数セレクトした複合型の限定マーケットです。

日時＝10月27日（土）11時〜19時
　　　10月28日（日）11時〜17時
場所＝2階 RAINBOW TRUNK & NON.X.X.
- 2日限定の特別店舗です。

同時開催ワークショップ（有料・予約制）

〜 Flower lesson 〜
スモーキーで温かみのあるビンテージスワッグを作りましょう！
お花にご興味のある方は是非この機会にいかがですか？
予約・問合せ＝080-4122-2397、info@nonxxfiori.com
場所＝2階 NON.X.X.

セラピーカード・リーディング入門編
セラピーカードを使ってあなたの深層心理を引き出します。
心理カウンセラー＝梶川知佐［米国NLP協会認定マスタープラクティショナー］
予約・問合せ＝070-5040-8489、chisakajikawa@gmail.com
場所＝2階 RAINBOW TRUNK

43 伏見町 宗田家住居
[CuteGlass Shop and Gallery]

所在地 中央区伏見町2-4-4
建設年 1921年/1931年（改築）
　　　 2018年（市HOPEゾーン事業による修景）
設計　 ウズラボ一級建築士事務所 竹内正明

Ⅱ・オ・3
→P.73

かつての船場の暮らしぶりを今に伝える小さな町家が、残された過去の図面や写真を元に修復され、美しいガラス容器を扱うショップ＆ギャラリーとして2018年新たにオープン。玄関には小さな前庭が設けられている。

建物からの一言　大正14年に建てられた歴史的な町家がガラスびんショップに生まれ変わりました。

特別公開　普段お立ち入り頂けない2階も全て公開。
日時＝10月27日（土）・28日（日）両日とも10〜16時
定員＝なし（小学生以上）／参加費＝無料

CuteGlass Shop and Gallery休日特別開館
日時＝10月27日（土）・28日（日）両日とも10〜16時
定員＝なし（小学生以上）／参加費＝無料

● 混雑時には、入場を制限することがあります。● 建物内での飲食はご遠慮ください。● 建物内一部、靴を脱いでお上がりいただく箇所がございます。

44 武田道修町ビル

所在地 中央区道修町2-3-6
建設年 1928年
設計　 片岡建築事務所（松室重光）

Ⅱ・オ・3
→P.73

杏雨書屋（きょううしょおく）休日特別開館
日時＝10月27日（土）10時〜16時
定員＝なし／参加費＝無料
● 1階武田科学振興財団杏雨書屋展示室にお越しください。
● 出入口は建物北側（道修町通側）となります。
● 展示室内での写真撮影、飲食、喫煙はご遠慮ください。

大阪の建築は増築に愛がある。壁が少し奥まった所が戦後の建て増し。窓や壁のつくりに気を配り、国の重要文化財・京都府庁旧本館の設計者として知られる松室重光のオリジナルのデザインを引き立てている。

建物からの一言　杏雨書屋常設展示の他に、特別展示「福井崇蘭館の秘籍」も見学可能です。

45 田辺三菱製薬株式会社 本社ビル

所在地 中央区道修町3-2-10
建設年 2015年
設計　 大林組

Ⅱ・エ・3
→P.73

「くすりのまち」道修町と三休橋筋の交差点に建つ新しい高層ビルは、低層部をガラス張りにして公開空地と一体的な空間を生みだし、地域コミュニティの拠点となっている。2階に設けられた田辺三菱製薬史料館も充実。

建物からの一言　歴史と未来が交差するビルで、生命を守る340年の歩みをご紹介します。

田辺三菱製薬史料館 休日特別開館
日時＝10月27日（土）
　　　10時〜16時
定員＝なし／参加費＝無料

46 日本圧着端子製造株式会社

所在地　中央区道修町3-4-7
建設年　2013年
設計　Atelier KISHISHITA＋Man*go design

Ⅱ・エ・3
→P.73

内外を仕切る12cm角の杉材はボルト留めされて、交換可能なつくり。伊勢神宮の式年遷宮と同じく20年に1度、取り替えられる想定だ。床も天然木材で、入口で靴を脱ぐ。先端企業による新しいオフィスの試みである。

[建物からの一言] 普段は非公開の建物内部を設計者がご案内するガイドツアーです。

ガイドツアー　[要申込]

日時＝10月27日(土)
　　　①10時〜・②13時〜・③15時〜
　　　(各回約60分)
定員＝各20名(小学生以上)／参加費＝無料
案内人＝岸下真理

- 館内は土足禁止です。また、素足での入館もご遠慮いただいております。
- 館内での飲食はご遠慮ください。

[申込方法] 往復はがき
1通の申込での人数制限＝2名まで／10月12日(金)必着
[必要事項] ●往信面ウラ＝(1)希望される時間(①10時〜、②13時〜、③15時〜いずれか1つ)、(2)参加者氏名・性別・年齢、(3)代表者のご連絡先(住所・電話番号)
● 返信面オモテ＝上記(3)にご記入いただいた代表者のお名前・住所を記載ください。
[申込宛先] 〒553-0001 大阪市福島区海老江7-18-26 中堂ビル102　Atelier KISHISHITA宛

岸下真理
きししたしんり

1969年兵庫県生まれ。1995年金沢工業大学大学院修士課程修了。1995年〜2000年無有建築工房。2001年岸下和代とAtelier KISHISHITAを共同設立。現在、大阪工業大学、摂南大学非常勤講師。2010年JIA関西建築家新人賞。2013年芦原義信賞。2014年日本建築士会連合会賞奨励賞など

47 船場ビルディング

所在地　中央区淡路町2-5-8
建設年　1925年
設計　村上徹一
　　　[国登録有形文化財]

Ⅱ・エ・3
→P.73

外からは想像がつかないのが、玄関を抜けた先にある中庭。空の下、4階までの外廊下が全部見える。大正時代の船場で荷馬車などを引き込むのに便利にと考えたつくり。それが今も、このビル独特の親密感を生んでいる。

[建物からの一言] 年に一度きりの特別公開です。見学ご希望の方はお見逃しなく。

特別公開

日時＝10月27日(土)・28日(日) 両日とも11〜16時／定員＝なし／参加費＝無料
- 混雑時は入場を制限させていただきます。● お仕事中の方がいらっしゃいます。館内ではお静かに見学ください。
- 公開は地上階以上の共用部と、屋上のみになります。

48 北浜レトロビルヂング

所在地　中央区北浜1-1-26
建設年　1912年
設計　不詳
[国登録有形文化財]

→P.73 Ⅱ・オ・2

特別公開
日時＝10月27日(土)・28日(日) 両日とも9時30分〜10時
定員＝なし／参加費＝無料
● 階段でしか移動できない場所があります。

ビルの谷間で、今や小さいことで目立っているのは、1912年に株仲買商の商館として建てられた煉瓦造2階建の洋風建築。1997年から英国流の紅茶と菓子の店舗に活用され、北浜に新たな人の流れを生み出した。

49 大阪証券取引所ビル

所在地　中央区北浜1-8-16
建設年　[1期] 1935年 [2期] 2004年
設計　[1期] 長谷部竹腰建築事務所
　　　[2期] 三菱地所設計・日建設計設計監理JV

→P.73 Ⅱ・オ・2

大阪取引所OSEギャラリー休日特別開館
日時＝10月27日(土)・28日(日) 両日とも9時30分〜16時
定員＝なし／参加費＝無料
● 1階アトリウムの大阪取引所専用エレベーターで5階までお越しください。
● 5階大阪取引所は飲食禁止。

ガイドツアー　　　　　　　　　　　　　　　　当日先着
日時＝10月27日(土)・28日(日) 両日とも
　　　①10時〜・②13時〜・③15時〜(各回約40分)
定員＝各30名／参加費＝無料／案内人＝大阪取引所 社員
● 受付は1階アトリウムの大阪取引所専用エレベーター前にて、各回5分前より開始。
● 5階大阪取引所は飲食禁止。

イケフェス特別ライトアップ
日時＝10月27日(土)・28日(日) 両日とも日没〜24時
● 特別ライトアップは12月25日(火)まで実施。

現代的なビルに建て替わっても、金融街の顔として親しまれた外観は残された。吹き抜けのエントランスホールも当初からの空間。楕円形なのは直交していない堺筋と土佐堀通の関係を調整するため。設計者の技量が光る。

 5階OSEギャラリー受付にて、各日先着100名様限定でオリジナル・クリアファイル贈呈。

> 1階アトリウムにて、2日間限定のイケフェス大阪2018インフォメーションセンターを開設しています。
> 詳しくはP.84をご覧ください。

50 新井ビル

所在地	中央区今橋2-1-1
建設年	1922年
設計	河合建築事務所(河合浩蔵)
	[国登録有形文化財]

大阪セレクション

→P.73　Ⅱ・オ・2

神戸を拠点に活躍した河合浩蔵設計の銀行建築。古典主義様式から脱却しようと、幾何学的でモダンな要素が盛り込まれている。元営業室の吹抜空間は人気スイーツ店・五感の本店として有名。

[建物からの一言] 通常は公開していないテナント内部や屋上を特別公開します。

特別公開
日時＝10月27日(土)・28日(日)
　　　両日とも10時〜16時
定員＝なし(小学生以上)
参加費＝無料
● 混雑時には入場を制限させていただきます。
● 受付はビル右手入口です。
● 階段での登り下りとなります。
● テナント内部の撮影は原則不可。

51 三井住友銀行 大阪中央支店・天満橋支店

所在地	中央区高麗橋1-8-13
建設年	1936年
設計	曾禰中條建築事務所

→P.73　Ⅱ・オ・2

戦前の日本における最大級の設計事務所の一つであった曾禰中條建築事務所の最後期の作品で、完成度の高い古典主義様式のデザイン。三井銀行の大阪支店として、当時の目抜き通りであった高麗橋筋に面して建てられた。

[建物からの一言] 堂々とした昔の銀行建築そのもの。内部の列柱や天井細工も必見です。

休日特別開館　日時＝10月27日(土) 10時〜13時／定員＝なし／参加費＝無料
● 1階ロビーのみの公開です。　● 内観の写真撮影はご遠慮ください。

52 旧小西家住宅

所在地	中央区道修町1-6-9
建設年	1903年
設計	不詳
	[国指定重要文化財]

→P.73　Ⅱ・オ・3

ガイドツアー　[要申込]
日時＝10月28日(日) ①14時〜 ②15時〜 ③16時〜 (各回45分)
定員＝各15名(小学生以上)／参加費＝無料
案内人＝小西家関係者
[申込方法] P.03参照
● 畳の保護のため、ジーンズの着用や三脚の使用はご遠慮ください。
● フラッシュ撮影はご遠慮ください。

船場の町人の暮らしを今に伝える貴重な存在。戦災を免れた船場の町家としては最大規模。薬種業を始めた小西儀助が薬のまち・道修町に建てた。現在もボンドで有名なコニシ関連企業が事務所に使っている。

53　生駒ビルヂング

所在地　中央区平野町2-2-12
建設年　1930年／2002年
設計　宗建築事務所／Y's建築設計室
　　　［国登録有形文化財］

Ⅱ・オ・3
→P.73

特別公開＆ギャラリートーク
ビルの各所にてオーナーによるギャラリートークが開催されます。
日時＝10月27日（土）・28日（日）両日とも13時〜17時
● ギャラリートークは随時開催

アートギャラリー
新進気鋭のアーティストと生駒ビルヂングがコラボ！
様々なところで出展されているアーティストの作品をお楽しみください。
日時＝10月27日（土）・28日（日）両日とも13時〜17時
定員＝なし／参加費＝無料

生駒ビルヂング 点鐘式　［要申込］
大大阪時代、船場地区の時報であった鐘の音を、生きた建築ミュージアムフェスティバル開催を記念し、生駒ビルヂング特別公開スタートの合図として鳴り響かせます。
生駒ビルヂングオリジナルグッズプレゼント。
日時＝10月27日（土）・28日（日）両日とも13時〜
定員＝各1名／参加費＝無料　［申込方法］P.03参照

● 写真撮影に関しては条件がございますのであらかじめご了承ください。
● 館内での飲食および喫煙はご遠慮下さい。

当時の最先端の意匠・アール・デコをまとった生駒時計店の店舗兼事務所ビル。屋上の時計は幾何学的でモダン、時計塔の下の縦に長い出窓と2階の丸窓は時計の振り子のよう。そして内部の階段の豪奢さと言ったら。

［建物からの一言］昨年に初公開された屋上のタイルをぜひご覧ください。

54　フジカワビル［丸一商店］

所在地　中央区瓦町1-7-3
建設年　1953年
設計　村野・森建築事務所（村野藤吾）

Ⅱ・オ・3
→P.73

特別公開
日時＝10月27日（土）10時〜19時
定員＝なし／参加費＝無料
● ギャラリーのみ、終日開放です。随時、15分程度の弦楽器とピアノによる生演奏があります。

戦後復興期に村野藤吾が手がけた画廊ビル。ガラスブロックの壁にサッシをはめ込んだ入れ子のファサードが面白い。フジカワ画廊だった1階と2階を2016年に改修、新たに老舗の楽器店・丸一商店が店舗を構えた。

55 大阪商工信用金庫 新本店ビル

所在地　中央区本町2-2-8
建設年　2017年
設計　　安藤忠雄（レリーフ：今井兼次）

→P.73　Ⅱ・オ・4

2017年竣工の新本店ビルは安藤忠雄の設計。かつてあった本町ビル屋上を飾っていた、建築家・今井兼次による巨大なレリーフを、最新の3D技術を用いて復元。誰でも近づける低層部に移して場所の歴史を継承した。

建物からの一言　「大阪を元気にしたい」という想いをこめた新本店ビル。イケフェス初参加です。

ガイドツアー　[要申込]

日時＝10月27日（土）・28日（日）両日とも
　　　①10時〜　②11時30分〜
　　　③13時30分〜　④15時〜
　　　（各回約30分）
定員＝各20名／参加費＝無料
案内人＝大阪商工信用金庫職員
[申込方法] P.03参照
● 建物内部の写真撮影不可。
● トイレはガイドツアー途中の11階のみ利用可。

---

56 輸出繊維会館

所在地　中央区備後町3-4-9
建設年　1960年
設計　　村野・森建築事務所（村野藤吾）

→P.73　Ⅱ・エ・3

不思議なたたずまいをしている。外壁のイタリア産トラバーチンとアルミサッシの組み合わせが品位と未来感を織り成し、玄関庇は凝ったデザイン。内部の繊細な階段や家具類も未来なのか過去なのか、これぞ村野藤吾の世界。

笠原一人　かさはら かずと

1970年神戸市生まれ。1998年京都工芸繊維大学大学院博士課程修了。専攻は近代建築史・建築保存再生論。2010-11年オランダ・デルフト工科大学客員研究員。共著に『関西のモダニズム建築』（淡交社）、『村野藤吾の住宅デザイン』（国書刊行会）、『村野藤吾の建築―模型が語る豊穣な世界―』（青幻舎）ほか。

ガイドツアー　[要申込]

日時＝10月27日（土）①10時〜　②11時15分〜　③14時〜　④15時15分〜（各回約60分）
定員＝各30名／参加費＝無料／案内人＝笠原一人　[申込方法] P.03参照

---

57 本願寺津村別院 ［北御堂］

所在地　中央区本町4-1-3
建設年　1962年
設計　　岸田日出刀

→P.72　Ⅱ・ウ・3

戦後、鉄筋コンクリート造で復興された本堂は、幅広い御堂筋に負けない長い門、象徴的な階段、明瞭な内部など、他に類を見ない都市的なデザイン。世界の丹下健三を押し立てた東大教授・岸田日出刀の構想力が冴える。

特別公開

日時＝10月27日（土）・28日（日）両日とも13時〜16時
定員＝なし／参加費＝無料　● 本堂のみ公開。

58 御堂ビル
［竹中工務店大阪本店］

所在地　中央区本町4-1-13
建設年　1965年
設計　　竹中工務店

Ⅱ・ウ・4
→P.72

1階ホール特別公開と展示
「生きた建築・伝える心と技」展

日時＝10月27日(土)・28日(日) 両日とも10時〜16時
定員＝なし／参加費＝無料
● 模型には手を触れないでください。

館内ガイドツアー 【当日先着】

日時＝10月27日(土)・28日(日) 両日とも
　　　①11時〜 ②13時〜 ③15時〜 (各回約50分)
定員＝各40名(小学生以上)／参加費＝無料
● 受付は1階カウンターにて、先着順で行います。
● 一部階段で移動する場所があります。
● 参加者にはコーヒー、大工道具館招待券プレゼント。

20分間世界音楽ホールの旅 【当日先着】
（1階ADR室にて）

日時＝10月27日(土)・28日(日) 両日とも
　　　①10時30分〜 ②12時30分〜
　　　③14時30分〜 (各回約20分)
定員＝各16名(小学生以上)／参加費＝無料
案内人＝ADR室担当者［音響設計のプロフェッショナル］
テーマ＝世界の有名ホールの音響解説と試聴
● 受付は1階カウンターにて、先着順で行います。
● ADR室内の機器には触れないでください。

日本を代表する建設会社、竹中工務店の大阪本店ビル。高さ31mでスカイラインが揃っていた時代の御堂筋を代表する存在。茶褐色の外壁は有田で焼いた特注タイルで、この時代の竹中の作品に多く用いられた。

ワークショップ
大工さんとカンナ削り・お箸作り体験

日時＝10月27日(土)・28日(日)
　　　両日とも10時〜16時
定員＝なし(小学生以上)
参加費＝無料
● 受付は1階実演場所にて随時行います。
● 混雑時にはお待ちいただくことがあります。

59 SENSEISHA BLDG.
［Growtecture S］

所在地　中央区北浜1-5-8
建設年　2002年
設計　　遠藤秀平

Ⅱ・オ・2
→P.73

通り一面のガラス窓の中に走る、一筆書きのようなコンクリート。それが床になり、壁になり、天井になり、吹き抜けを形づくる。立体の帯が、会社に必要な各室を分けながら、全体の一体感も感じさせる。

【建物からの一言】関西を代表する建築家の一人"遠藤秀平"さんによる作品をご堪能ください。

特別公開

日時＝10月27日(土)・28日(日) 両日とも13時〜15時
定員＝なし／参加費＝無料
● 共用部および最上階打合せコーナーのみ特別公開

● 設計者プロフィールはP.26参照

60 安井建築設計事務所 本社ビル

所在地　中央区島町2-4-7
建設年　1970年
設計　　安井建築設計事務所

Ⅱ・カ・3
→P.73

大阪ガスビルなど大大阪時代のビルのイメージが強い安井武雄。卒業設計では当時異例の住宅を設計し、建築家となり世に送り出した最初の作品は住宅だった。そんな安井武雄が設計した知られざる住宅たちを紹介する。

安井武雄の住宅の世界
日時＝10月26日(金) 10時～17時
　　　27日(土) 12時～17時30分
場所＝安井建築設計事務所 1階ロビー
定員＝なし／参加費＝無料

イケフェススペシャル寄席 「北大江安井亭！！」
当日先着

落語家の桂雀太さんをお迎えして、事務所周辺の街の話題を織り込んだ落語を披露していただきます！
日時＝10月27日(土) 16時15分～17時15分
場所＝安井建築設計事務所 1階ロビー
定員＝約50名／参加費＝無料
●立ち見になる可能性も有ります。

桂 雀太
かつら じゃくた

関西大学法学部卒業後、2002年5月、桂雀三郎に入門。繁昌亭、動楽亭をはじめとした寄席以外でも、カフェやライブハウスなど様々な場所で落語会を開催。毎回満席の盛況をみせる桂雀太ひとり会を2006年から年1回開催。2016年「第53回なにわ芸術祭新進落語家競演会 新人奨励賞」、「NHK新人落語大賞」受賞。2017年「咲くやこの花賞大衆芸能部門」受賞。

61 ルポンドシエルビル ［大林組旧本店］

大阪セレクション

所在地　中央区北浜東6-9
建設年　1926年
設計　　大林組

Ⅱ・カ・2
→P.73

日本を代表する建設会社・大林組の旧本店。外観は当時の大林組が得意としたスパニッシュスタイル。2007(平成19)年に耐震補強工事が行われ、現在はフレンチレストランや大林組の歴史館として使われている。

建物からの一言　大林組本店として建てられた'生きた建築'。その3階にある大林組歴史館を休日特別開館します。

大林組歴史館 休日特別開館
日時＝10月27日(土)・28日(日) 両日とも9時～17時
定員＝なし／参加費＝無料　●大林組歴史館内は、禁煙です。

[特集2] 生きた建築・夜景探訪のすすめ

特別なライトアップや、遅い時間から参加可能なプログラムなど、今年は夜の生きた建築を楽しむプログラムも充実。昼間とは違った表情を見せる生きた建築と大阪のまちを心ゆくまでご堪能ください。

スペシャルライトアップ

イケフェス大阪2018のためだけの特別な光の演出をお楽しみください。

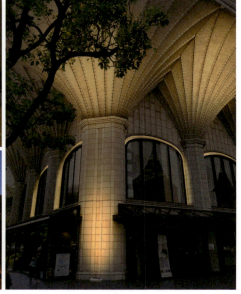

写真：左上・右 23 大同生命大阪本社ビル(P.25)、左下 49 大阪証券取引所(P.36)　　　点灯時間は各建物のページでご確認ください。

イケフェス大阪2018参加建物のライトアップ

夜の生きた建築たちにもたくさん出会ってください。

〈ライトアップされている建物〉　当ガイドブックで ◐ の記載があるもの

04 通天閣(P.15)、09 ブリーゼタワー(P.17)、24 三井住友大阪本店ビル(P.25)、31 グランサンクタス淀屋橋(P.28)、32 日本生命保険相互会社本館(P.29)、33 今橋ビルヂング[旧大阪市中央消防署今橋出張所](P.29)、34 大阪倶楽部(P.29)、38 芝川ビル(P.31)、41 伏見ビル(P.32)、42 青山ビル(P.33)、43 伏見町 宗田家住居[CuteGlass Shop and Gallery](P.34)、44 武田道修町ビル(P.34)、45 田辺三菱製薬株式会社本社ビル(P.34)、48 北浜レトロビルヂング(P.36)、50 新井ビル(P.37)、51 三井住友銀行大阪中央支店・天満橋支店(P.37)、53 生駒ビルヂング(P.38)、59 SENSEISHA BLDG. [Growtecture S](P.40)、61 ルポンドシエルビル[大林組旧本店](P.41)、66 ミライザ大阪城(大阪城公園内)(P.46)、71 立売堀ビルディング(P.48)、72 堺筋倶楽部(P.48)、73 長瀬産業株式会社大阪本社ビル(写真：右)(P.49)、76 大阪農林会館(P.50)、83 南海ビル(髙島屋大阪店ほか)(P.53)、90 赤レンガ倉庫(ジーライオンミュージアムほか)(P.56)、92 大阪市中央公会堂(P.58)、94 綿業会館(P.60)

夜も楽しめるプログラム

64 OMM
屋上特別公開（P.45参照）

69 オリックス本町ビル
28階展望フロア特別公開（P.47参照）

11 リーチバー（リーガロイヤルホテル）
特別優待券配布（P.18参照）

72 堺筋倶楽部
特別公開（P.48参照）

91 大阪市中央公会堂
特別公開（P.58参照）

COLUMN

夜も楽しめる「生きた建築」、夜景探訪のすすめ
長町 志穂

建築の姿を際立たせるライトアップ。多くの「生きた建築」が、夜にはまた昼間とは異なる魅力にあふれていることをご存知でしょうか？

芝川ビルや生駒ビルなど船場の近代建築や南海ビル（高島屋大阪店）など、そのレリーフやテクスチャーの美しさをいっそう楽しめる「夜景探訪」もおすすめです。長瀬産業本社ビルや中之島ダイビルのライトアップは最新のLEDによる細やかな演出が魅力です。

イケフェス2018期間中だけの特別ライトアップも注目です。大同生命大阪本社ビルでは2日間だけのカラー演出に加えヴォーリズ設計の旧社屋の遺構であるテラコッタレリーフやブルーデル作の女神像もライトアップ。大阪証券取引所ビルではテーマカラーのレッドなどのカラー演出が今年も実施されます。今年100歳を迎えるあの生きた建築も特別な演出があるかもしれません。

ぜひ、「夜の生きた建築・夜景探訪」で、建築ファサードの醸し出す「まちの魅力」を楽しんでみてください。

長町 志穂
ながまち しほ

ライティングデザイナー。株式会社LEM空間工房代表取締役。京都造形芸術大学客員教授、大阪大学非常勤講師。都市の夜間景観計画から光を使ったパブリックアートまで、様々な照明デザインを実践。代表作「堂島大橋」「神戸市メリケンパーク」「天橋立ライトアップ」等。生きた建築ミュージアム大阪実行委員会メンバー

C スペシャルツアー
日本建築協会Presents！ 船場・堺筋を歩く

P.73

『堺筋』は、かつて大阪のメインストリートでした。
また『船場』は、大阪商人を育んできたまちです。
商都大阪を築き、大大阪時代をもたらした、最も大阪らしいエリアを創立102年目の日本建築協会の学識経験者がご案内します。
まちなみや筋・通りのなりたち・歴史をたどる街歩きツアーで大阪のまちを体感してください。

日時＝10月27日(土) 13時30分〜（約180分） 要申込
定員＝30名／参加費＝無料
案内人＝山形政昭、橋寺知子(P.14参照)
コース＝38 芝川ビル、91 大阪市中央公会堂 など
[申込方法] P.03参照

山形政昭
やまがた まさあき
1949年大阪市生まれ。京都工芸繊維大学工学部建築学科卒業、同大学院修士課程終了。工学博士。現在、大阪芸術大学芸術学部建築学科教授。建築史、建築計画専攻、とりわけ日本の近代建築、住宅建築を専門領域とする。

「建築と社会」1928（昭和3）年1月号より
「北浜ビルより望みたる堺筋一帯」
市電や自動車が行きかう堺筋のにぎわいが見てとれる。この一帯が船場のまちなみである。

D スペシャルツアー
都住創ツアー

Ⅱ・カ・3
→P.72

1970〜80年台を中心に「都市に住む」という目標を掲げ、大阪市内に20のコーポラティブ住宅を完成させた都住創（都市住宅を自分達の手で創る会）。今回は、谷町界隈のシリーズ10棟の見学ツアーを、現在都住創に居住する建築家の案内で実施します！

日時＝10月27日(土) 14時〜（約120分） 要申込
定員＝20名／参加費＝無料
案内人＝荒木公樹［空間計画株式会社］
　　　　宮野順子［THNK一級建築士事務所・京都光華女子大学講師］
　　　　北 聖志　［THNK一級建築士事務所・近畿大学非常勤講師］
[申込方法] P.03参照

● 前面道路からの外観のみの見学のため、共用部・住戸内への立入りはできません。
● ツアーは500m角のエリアを徒歩にて移動します。
　雨天の場合もツアーを開催します。

photo. 田籠哲也

都住創内淡路町　所在地 中央区内淡路2-1-7　建設年 1986年　設計 ヘキサ

62 日本基督教団天満教会

所在地 北区天神西町4-15
建設年 1929年
設計 中村鎮
[国登録有形文化財]

Ⅱ・カ・1
→P.73

1879(明治12)年設立の歴史をもつ教会で、現在の教会堂は50周年を記念して建設された。島之内教会と同じ中村鎮の「鎮ブロック」を採用。楕円アーチ梁を更にアーチでくり抜く構造が軽快。

特別公開
日時=10月27日(土)
　　　10時~15時
定員=なし/参加費=無料
● 展示パネル(①礼拝堂の響きの実測・評価データ ②L字型ブロック建物工法)を設置。

建物からの一言 礼拝堂の天井空間に白いアーチ状の梁が、美しく頑丈な橋脚を想起させます。

63 山本能楽堂

所在地 中央区徳井町1-3-6
建設年 1927年/1950年/2011~2014年
設計 浜田豊太郎/山田組/安井建築設計事務所/graf 服部滋樹、田尻工務店
[国登録有形文化財]

Ⅵ・ア・3
→P.77

特別公開&展示「山本能楽堂 初代・山本博之の偉業 work#01」
喧嘩社会から戦時体制下へと移りゆく世で学生を誘う能
日時=10月27日(土) 12時~15時/定員=なし/参加費=無料

1927年(昭和2)年に創設された、今や全国でも珍しい木造3階建の能楽堂。大阪大空襲によって焼失したが、早くも1950年に再建。2011(平成23)年に改修を行い、新旧が融合する開かれた能楽堂となった。

建物からの一言 大大阪時代に「紳士の社交場」として創設された国登録有形文化財の能楽堂です。

64 OMM

所在地 中央区大手前1-7-31
建設年 1969年
設計 竹中工務店

Ⅵ・ア・2
→P.77

屋上スカイガーデン西側 特別公開
日時=10月27日(土) 17時~20時
定員=なし(小学生以上)/参加費=無料
● 気象条件によっては、公開が中止となる事があります。

バックヤードガイドツアー [要申込]
日時=10月27日(土)
　　　①10時~ ②14時~(各回約90分)
定員=各20名(中学生以上)/参加費=無料
案内人=OMMスタッフ　[申込方法] P.03参照

竣工当時は西日本で最も高いビルとして、22階の回転展望レストラン「ジャンボ」が人気を博した。現在回転は止まったが、レストランと開放された屋上からの眺望は、大阪城から中之島まで遮るものがなく絶景。

建物からの一言 通常は公開していない屋上スカイガーデン西側を特別公開します。

65 大阪府庁本館

所在地　中央区大手前2
建設年　1926年
設計　　平林金吾、岡本馨

Ⅵ・ア・3
→P.77

ガイドツアー　［要申込］

日時＝10月27日(土)
　　　①10時～　②12時～
　　　③14時～　④16時～
　　　(各回約40分)
定員＝各20名／参加費＝無料
案内人＝大阪府職員
［申込方法］P.03参照
- 「本会議場」の写真は、インターネットその他のメディアでの使用はできません。

竣工90周年を迎えた2016(平成28)年に免震化が完了した、現役最古の都道府県庁舎。大階段や正庁の間に加えて、今年は本会議場を公開。

[建物からの一言]　大阪府庁は映画のロケでもよく登場します！

66 ミライザ大阪城 (大阪城公園内)

所在地　中央区大阪城1-1
建設年　1931年
設計　　第四師団経理部

Ⅵ・イ・3
→P.77

ヨーロッパの城郭を思わせる旧陸軍の庁舎は、城内の軍施設を整理し公園として開放するために、復興天守閣と同年に建てられた。戦後の警察施設、大阪市立博物館を経て、2017年に複合施設として再生。

[建物からの一言]　地下に「イリュージョンミュージアム」等も今年オープン。まさに歴史と現代が共存！

2018年春、大阪城公園の森ノ宮噴水エリアには、カフェやベーカリー、コンビニ、そして公園内の季節の植物を集めたボタニカルショーケースなどからなる複合施設が整備され、公園全体の魅力がさらに高まった。

ガイドツアー　［当日先着］

日時＝10月27日(土) ①11時～ ②13時～ ③14時～ ④15時～(各回約30分)
定員＝各20名／参加費＝無料／案内人＝大和ハウス工業株式会社 本店建築事業部 一級建築士
- 受付はミライザ大阪城1階インフォメーション前にて、各回10分前から開始。
- 荒天の場合、屋上見学を中止することがあります。

67 大阪国際平和センター ［ピースおおさか］

所在地　中央区大阪城2-1
建設年　1991年
設計　　株式会社シーラカンス
　　　　大阪市都市整備局営繕部

Ⅵ・ウ・3
→P.77

ガイドツアー　当日先着

日時＝10月27日（土）・28日（日）
　　　両日とも①10時〜 ②14時〜
　　　　　　　（各回約90分）
定員＝各20名（小学生以上）／参加費＝無料
案内人＝大阪国際平和センター 職員
●受付は正面入口横・待合コーナーにて、
　各回10分前から開始。

「大阪空襲を語り継ぐ平和ミュージアム」でデザインされているのは、変化に富んだ空間。展示の合間にふと外にあるビルや公園の緑が見えた時、そんなありふれた楽しみも「平和」に支えられていることに気づかされる。

建物からの一言 館内展示の解説とともに、幾何学的で複雑な形の屋根を間近に楽しめる屋上も特別に公開します！

68 日本聖公会 川口基督教会

大阪セレクション

所在地　西区川口1-3-8
建設年　1920年
設計　　ウィリアム・ウィルソン
　　　　［府指定有形文化財］

Ⅲ・イ・1
→P.74

特別公開
日時＝10月27日（土）
　　　13時〜17時
　　　10月28日（日）
　　　12時15分〜16時
定員＝なし／参加費＝無料

川口フェスタ
有料で飲食を中心にお楽しみいただけるバザーです。
日時＝10月28日（日）12時15分〜16時

パイプオルガン・コンサート
日時＝10月28日（日）14時〜15時
定員＝なし／参加費＝無料
●13時30分より受付を開始します。

かつて外国人居留地だった川口に建つ教会は、ゴシック様式をもとにしたイギリス積レンガ造で、礼拝堂の屋根を支える木製のシザーズ・トラスが空間に緊張感を与えている。施工は大阪教会と同じ岡本工務店が担当した。

建物からの一言 築後100年のレンガ造りの礼拝堂です。ステンドグラスも美しい。

69 オリックス本町ビル

所在地　西区西本町1-4-1
建設年　2011年
設計　　竹中工務店

Ⅱ・ウ・4
→P.72

休日特別開館
日時＝10月27日（土）
　　　15時〜20時
定員＝なし
参加費＝無料

超高層ビルの多くない西本町界隈にあって、ひときわ目立つオリックスの大阪本社ビルは、高さ133mの地上29階。28階に設けられたオープンエアの展望テラスからは、大阪の夜景を360度楽しむことができる。

建物からの一言 28階展望フロアを休日特別開館。いつもと違った角度で大阪のまちをご覧下さい。

70 ｜ 丼池繊維会館

所在地　中央区久太郎町3-1-16
建設年　1922年／2016年
設計　　不明／リノベーション設計：
　　　　高岡伸一建築設計事務所

→P.75　Ⅳ・イ・1

特別公開＆
展示：丼池ストリートと会館の歴史、リノベーションについて
日時＝10月27日(土)　11時〜17時／定員＝なし／参加費＝無料
● 入居者および3階の撮影は禁止です。
● 公開範囲は共用部、屋上およびペントハウスです。

長らく外壁を金属の新建材で覆われていた、大正時代の元銀行建築を、2016(平成28)年にリノベーション。世界で活躍するデザイナーなどが入居する、丼池筋活性化の新たなクリエイティブ拠点として活用が進む。

71 ｜ 立売堀ビルディング

所在地　西区立売堀1-5-2
建設年　1927年／1961年
設計　　鴻池組／不動建設

→P.75　Ⅳ・ア・1

展示「大都会のプリミティブ」
当ビルのテナントである大人の美術教室「アトリエベレット」がお贈りするアート展です。
日時＝10月24日(水)・25日(木)・26日(金) 各日とも12時〜19時
　　　10月27日(土) 10時〜16時
定員＝なし／参加費＝無料／場所＝4階 58号室アトリエベレット

大正末に拡幅された四つ橋筋沿道の事務所需要を見込んで、テナントビルとして建てられた。当初は敷地南側にも木造3階建の洋館があったが大阪大空襲で焼失。高い天井の小部屋が若い世代を中心にオフィスとして人気。

72 ｜ 堺筋倶楽部

大阪セレクション

所在地　中央区南船場1-15-12
建設年　1931年
設計　　川崎貯蓄銀行建築課

→P.75　Ⅳ・ウ・2

元銀行建築をフレンチとイタリアンのレストランにコンバージョン。大阪の近代建築を飲食店へと活用した草分け的存在で、1階部分の高い吹抜空間や、金庫室の個室など見どころは多い。

建物からの一言 今年も館内を自由に巡っていただける機会をご用意しました！

特別公開 日時＝10月27日(土)・28日(日) 両日とも18時〜21時／定員＝なし／参加費＝無料
● レストラン予約状況により見学範囲を制限させていただく場合がございます。　● ディナータイムにはお食事・カフェもご利用いただけます。

73 長瀬産業株式会社 大阪本社ビル

大阪セレクション

所在地　西区新町1-1-17
建設年　[本館] 1928年 [新館] 1982年
設計　[本館] 設楽建築工務所（設楽貞雄）
　　　[新館] 竹中工務店（永田祐三）

→P.75　IV・ア・2

初代通天閣を設計した設楽貞雄による近代建築と並ぶ増築棟は、当時竹中工務店に所属した永田祐三の設計による高層ビル。装飾を自在に操る永田だからこその抑えた表現が、新旧に高度な調和を生みだしている。

建物からの一言　1階エントランスホールの特別公開とガイドツアーを開催致します。

特別公開
日時＝10月27日(土)・28日(日)
　　　両日とも10時～16時
定員＝なし（小学生以上）
参加費＝無料

ガイドツアー　**要申込**
日時＝10月27日(土)・28日(日) 両日とも①11時～ ②13時～（各回約45分）
定員＝各20名（中学生以上）／参加費＝無料／案内人＝社内スタッフ
[申込方法] P.03参照
●階段でしか移動できない場所があります。

●飲食物の持ち込みはご遠慮ください。　●出入口は西側（四ツ橋筋側）です。

74 オーガニックビル

大阪セレクション

所在地　中央区南船場4-7-21
建設年　1993年
設計　ガエタノ・ペッシェ、UDコンサルタンツ

→P.75　IV・ア・2

ガイドツアー＋「山崎豊子」ゆかりの品見学会　**要申込**
日時＝10月27日(土) ①10時30分～ ②13時30分～（各回約60分）
定員＝各15名（18歳以上）／参加費＝無料
案内人＝株式会社小倉屋 山本[取締役管理本部長・5代目見習い]
[申込方法] P.03参照
●展示品に触れないようお願いします。

壁に132の植木鉢が付いて、まさに「オーガニック（有機的）」で奇抜なビル。これが老舗の本社屋と聞くと意外な気がするけれど、1848年の創業以来、健康に良い自然な昆布を扱ってきた店と知ると、少し納得かも。

建物からの一言　イケフェス恒例の人気プログラム。年に一度、この日にしか体験することのできない秘密の空間へ。

75 原田産業株式会社 大阪本社ビル

所在地　中央区南船場2-10-14
建設年　1928年
設計　小笠原建築事務所(小笠原祥光)

Ⅳ・イ・2
→P.75

左右対称を崩し、大きなガラス開口をもつ商社の本社ビルは、古典様式から脱却して自由なデザインを模索した小笠原祥光の設計。内部の保存状態も良く、エントランスの吹抜空間に設けられた優雅な階段が素晴らしい。

建物からの一言 戦前の近代建築ならではの至極の空間をお楽しみください。

特別公開　日時＝10月28日(日) 10時～17時／定員＝なし／参加費＝無料
● 混雑時には入場制限をかけさせて頂く場合がございます。

76 大阪農林会館

所在地　中央区南船場3-2-6
建設年　1930年
設計　三菱合資地所部営繕課

Ⅳ・イ・2
→P.75

建物紹介リーフレット特別無料配布　当日先着
日時＝10月27日(土)・28日(日) 両日とも10時～(なくなり次第終了)
配布場所＝49 大阪証券取引所ビル 1階アトリウム(イケフェス大阪インフォメーション)
特典＝各日先着10名(お1人様1部の配布となります)

ファッション関係など、感度の高いショップが集まる近代建築として有名。三菱商事のオフィスとして建てられ、今も各階に大きな金庫の扉が残る。この時代としては窓の大きいのが特徴で、室内が自然光で明るく映える。

建物からの一言 近代建築と融合した煌めくシャンデリアが皆様をお出迎え致します。

77 日本基督教団島之内教会

所在地　中央区東心斎橋1-6-7
建設年　1928年
設計　中村鎮
[国登録有形文化財]

Ⅳ・ウ・3
→P.75

建築技師・中村鎮(まもる)が1920年頃に考案した、独特なコンクリート・ブロック「鎮(ちん)ブロック」を構造に採用した教会建築。繁華街にあって、大階段の上のシンプルな白い箱が神聖さを感じさせる。

特別公開　日時＝10月27日(土) 11時～15時
定員＝なし(小学生以上)／参加費＝無料
● 混雑時には入場制限をかけさせて頂く場合がございます。

78 新桜川ビル

所在地　浪速区桜川3-2-1
建設年　1958年
設計　　大阪府住宅協会
　　　　（現・大阪府住宅供給公社）

Ⅲ・ウ・4
→P.74

低層部に店舗や事務所を配した「併存住宅」。バウムクーヘンのような形が阪神高速のカーブと呼応して、ダイナミックな都市景観を創出。2015（平成27）年、アートアンドクラフトが現代的にリノベーション。

建物からの一言　2016年にリノベーションされた住居内部（※居住中）もご見学頂けます！

photo. Yoshiro Masuda

特別公開
日時＝10月27日（土）・28日（日）
　　　両日とも11時〜18時
定員＝なし／参加費＝無料

ガイドツアー　要申込
日時＝10月27日（土）・28日（日）両日とも①13時〜 ②13時30分〜
　　　③14時〜 ④14時30分〜（各回約30分）
定員＝各8名／参加費＝無料　[申込方法] P.03参照

- お住まいの方、お仕事中の方がいらっしゃいます。共用部はお静かにご見学ください。
- 内部見学のみを目的とした店舗内への立ち入りはご遠慮ください。

79 浪花組本社ビル

大阪セレクション

所在地　中央区東心斎橋2-3-27
建設年　1964年
設計　　村野・森建築事務所（村野藤吾）

Ⅳ・ウ・3
→P.75

個性的な商業施設がデザインを競うミナミの繁華街にあって、一際異彩を放つ複雑で立体的なファサードは、村野藤吾の設計による老舗の左官会社の本社ビル。村野は他にも、浪花組関連の建築を数多く手がけた。

ガイドツアー
日時＝10月28日（日）13時〜17時
定員＝なし／参加費＝無料／案内人＝浪花組関係者
- 1階エントランスにお越しください。
- 10名程度集まり次第、随時ご案内します。

ワークショップ：左官体験

日時＝10月28日（日）13時〜17時
定員＝なし／参加費＝無料
- 時間内は随時体験可能です。

LIVING ARCHITECTURE MUSEUM FESTIVAL OSAKA 2018

80 自安寺

所在地　中央区道頓堀1丁目東-5-13
建設年　1968年
設計　川崎清

Ⅳ・ウ・4
→P.75

日蓮宗の寺院である自安寺は、2018年に逝去した京都大学の建築家・川崎清の設計で、RC打放しと、道頓堀川に面してボックスを積み上げたようなデザインが特徴。家具などにデザイナーの粟津潔が関わっている。

[建物からの一言] 普段から開放している妙見堂に加えて、3階のラウンジを特別に見学いただきます。

ガイドツアー　[要申込]

日時＝10月27日（土）
　①13時〜 ②15時〜 ③17時〜（各回約45分）
定員＝各20名／参加費＝無料
案内人＝自安寺 住職
[申込方法] P.03参照

81 日本橋の家

所在地　中央区日本橋2-5-15
建設年　1994年
設計　安藤忠雄（安藤忠雄建築研究所）

Ⅴ・イ・1
→P.76

特別公開

日時＝10月27日（土）・28日（日）両日とも10時〜16時
定員＝なし（小学生以上）／参加費＝無料

世界的建築家・安藤忠雄が、間口たったの2.9mの条件に挑んだ。トレードマークの打放しコンクリートで、奥行き約15mの土地に設計した4階建。その空間のドラマはあなたの目で、いや、全身の感覚でお確かめを。

10月26日（金）〜11月11日（日）まで、連携プログラム「Architects of the Year 2018」も開催。期間中は入場料500円で建物内を見学いただけます。詳しくはP.62へ。

82 食道園 宗右衛門町本店ビル

所在地　中央区宗右衛門町5-13
建設年　1968年
設計　　生美術建築デザイン研究所(生山高資)

→P.75　Ⅳ・イ・4

老舗の焼肉店が千日前通の拡幅による移転で建てたレストランビル。設計した生山高資はスナックやダンスホールなど商業施設を多く手がけた建築家で、1階は壁や天井など凝りに凝ったオリジナルのデザインが多く残る。

建物からの一言　生山デザインの残る1階を営業時間前に特別公開します。

特別公開　日時=10月27日(土)・28日(日)
　　　　　　両日とも10時～11時30分／定員=なし／参加費=無料

83 南海ビル（髙島屋大阪店ほか）

所在地　中央区難波5-1-60
建設年　1932年
設計　　久野節建築事務所

→P.76　Ⅴ・イ・1

南海ビル屋上釣鐘堂ガイドツアー　[要申込]
日時=10月27日(土)
　　　①11時～ ②13時30分～ ③15時～(各回約30分)
定員=各10名(小学生以上 *小学生は保護者同伴のみ可)
参加費=無料　[申込方法] P.03参照
● ヘルメットを着用し、低い位置にある配管の下を屈んで潜ります。
　屈む等の動作が容易にできる方のみお申し込みください。
● 汚れても良い、動きやすい服装でお越しください。
● 天候により中止いたします。

長く続く壁を16本のコリント式の壁柱とアーチで整えた、ルネサンス様式のターミナルビル。重厚な外観によって、これが南海電気鉄道の起点であり、幅広い御堂筋を南で受け止める終点でもあることに応えている。

建物からの一言　「なんばスカイオ」開業記念！歴史ある釣鐘堂をご案内します！

84 味園ユニバースビル

所在地　中央区千日前2-3-9
建設年　1955年
設計　　志井銀次郎

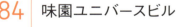

→P.76　Ⅴ・イ・1

ガイドツアー　[要申込]
日時=10月27日(土)・28日(日) 両日とも14時～15時
定員=各30名／参加費=無料
案内人=ユニバース関係者　[申込方法] P.03参照
● 地下1階のユニバースはコースに含まれません。あらかじめご了承ください。

かつて米LIFE誌にも掲載された大キャバレーが一世を風靡。近年は地下に移った元キャバレーのインテリアが再評価され、有名ミュージシャンのライブ会場として定着。5階大宴会場のデザインも極めて個性的。

85 株式会社モリサワ本社ビル

所在地　浪速区敷津東2-6-25
建設年　2009年
設計　　東畑設計事務所

Ⅴ・ア・3
→P.76

特別公開
日時＝10月27日（土）・28日（日）両日とも13時〜17時
定員＝なし／参加費＝無料

モリサワは1924（大正13）年に創業し、大阪に本社を構える「文字」のトップメーカー。普段予約が必要なMORISAWA SQUAREでは、同社発明の写植機など企業の歴史と共に、文字に関する貴重なコレクションを展示。

生きた建築ミュージアム大阪 実行委員会

COLUMN　イケフェスのロゴマークについて

OSAKAの「O」と木の「年輪」とを掛け合わせたシンボルマーク。抽象的に図案化した年輪を矩形と組み合わせることで、「生きた建築」を想起させるデザインになっています。歴史を刻む生きた建築が開かれることで街に人の動き・つながりの輪ができ、それが広がっていくような意味合いを込めました。またロゴタイプには、日本を代表する書体メーカーで、1924年創業で大阪に本社を構えるモリサワが、1955年に初めて発表したオリジナル書体文字の「ゴシックBB1」を用いることで、「生きた建築」が大阪発のムーブメントであることを表現しています。

アートディレクション：後藤哲也／シンボルマークデザイン：山内庸資／タイプフェイス：ゴシックBB1（モリサワ）

---

86 ギャラリー再会

大阪セレクション

所在地　浪速区恵美須東1-4-16
建設年　1953年
設計　　石井修
　　　　［国登録有形文化財］

Ⅴ・イ・3
→P.76

特別公開
日時＝10月27日（土）10時〜12時、10月28日（日）10時〜15時
定員＝なし／参加費＝無料

繊細で可憐なデザインが、ヨーロッパの田舎町のような風情をかもし出す。店内では美しい曲線を描く階段が出迎える。以前は1階が若者、2階がカップル専用の喫茶スペースで、お見合いの席として利用されていたとも。

建物からの一言　10月27日（土）14時から、ジャズシンガー・岩井ゆき子さんのライブ（有料）があります。問合せ：工房盤 0729-81-2084

87　大阪くらしの今昔館

所在地　北区天神橋6-4-20
建設年　2001年
設計　日建設計、大阪くらしの今昔館

P.70

特別公開
日時＝10月27日（土）・28日（日）両日とも①13時～ ②15時～（各回約60分）
定員＝なし／入館料・参加費＝無料
● 階段でしか移動できない場所を公開します。

ワークショップ：カンナがけ体験
9階展示室内でカンナがけを体験して頂きます。
日時＝10月27日（土）・28日（日）両日とも①13時～ ②14時～（各回約30分）
定員＝なし／入館料・参加費＝無料

● 両プログラムとも本ガイドブックを持参の方を対象とします。

大阪という都市の江戸後期から昭和まで、「住まいと暮らしの歴史と文化」をテーマにした日本初の専門ミュージアム。江戸時代の大坂の町並みを、綿密な考証に基づいて実物大で再現したフロアは圧巻。外国人観光客にも大人気。

[建物からの一言] 住まいの歴史と文化をテーマとした日本初の専門ミュージアムです。

88　八木邸

所在地　非公表
建設年　1930年
設計　藤井厚二

最近重要文化財となった聴竹居を設計した建築家、藤井厚二が手がけた住宅建築のひとつ。京阪の香里園開発に合わせて建てられた。現存する藤井作品のなかでは、とりわけオリジナルの家具や調度の保存状態が素晴らしい。

[建物からの一言] 建築から家具や丁度品まで藤井厚二のトータルデザインをご覧ください。

特別公開　[要申込]
日時＝10月28日（日）①10時～ ②11時～ ③12時～ ④13時～ ⑤14時～（各回約50分）
定員＝各20名（小学4年生以上）／参加費＝無料　［申込方法］P.03参照
● 京阪香里園駅より徒歩3分　● 当選者にのみ、後日詳しい所在地をお知らせします。

［特集3］水辺を生き抜く建築たち ～大阪港エリア～

昨年、開港150周年を迎えた「大阪港エリア」が満を持してイケフェス大阪に登場です。物流の主役が水運だった時代のモダン建築から、水際で静かにまちを見守る建築まで、水辺を生き抜く建築たちが扉を開いてみなさんをお迎えします。

E スペシャルツアー
建築家・髙岡伸一さんと行く、生きた建築ツアー ～築港エリア編～

Ⅶ・ア
→P.78

物流の主役が水運だった時代のモダン建築から、水際でまちを見守る働く建築まで。
水辺を生き抜く建築たちを髙岡伸一の案内で巡ります。

日時＝**11月2日(金)** 10時〜（120分）
定員＝20名／参加費＝無料
案内人＝髙岡伸一（P.22参照）
コース＝天満屋ビル、中谷運輸築港ビル(旧商船三井築港ビル)、KLASI COLLEGE、大阪市水上消防署 など
[申込方法] P.03参照

要申込

- 天満屋ビル2階のハαハαハα、3階のOLD Coleman MUSEUM JAPANも特別にご案内します。
- 各テナントはスペシャルツアー当日も通常営業しています。
  ハαハαハα（カフェ／天満屋ビル2階）、築港麺工房（うどん／中谷運輸築港ビル1階）、河内屋甚兵衛（からあげ／中谷運輸築港ビル1階）

天満屋ビル　　中谷運輸築港ビル

KLASI COLLEGE　　大阪市水上消防署

89 赤レンガ倉庫
（ジーライオンミュージアムほか）

所在地　港区海岸通2-6-39
建設年　1923年
設計　日高胖

Ⅶ・ア
→P.78

特別開放＆特別解説
日時＝10月28日(日) 11時〜15時30分／定員＝なし／参加費＝無料
- 随時、スタッフが建物について解説しますので、お気軽にお声かけください。
- 敷地内特別開放です。ミュージアムへの入館、店舗利用は別途料金が必要です。
- ガイドブック持参の方はジーライオンミュージアム入館料100円引き(10月28日(日)に限る)

出典：(一社)港まちづくり協議会大阪

住友倉庫として建てられた築港の赤レンガは、当時の貨物用線路に沿ってカーブを描く屋根の連続がユニーク。長らく空き家となっていたが、200台以上のクラシックカーを展示する本格派ミュージアムとして再生した。

建物からの一言 第11回天保山まつりと共催していますので、是非お楽しみください。

90 もと なにわの海の時空館

所在地　住之江区南港北2-5-20
建設年　2000年
設計　ポール・アンドリュー

〇 Ⅶ・ア
→P.78

ガイドツアー　[要申込]

日時＝10月26日(金) ①14時30分～ ②16時～(各回約60分)
定員＝各20名(小学生以下は保護者の同伴が必要)／参加費＝無料
案内人＝橋爪紳也(P.11参照)　[申込方法] P.03参照

- 複数階の階段移動が可能な方のみ参加いただけます。
- 昇降機が利用不可で階段移動も多いため、歩きやすい靴、服装でお越しください。
- 館内写真は個人利用のみでSNS等での利用は不可とします。

大阪市政100周年を記念して、シャルル・ド・ゴール空港などを手がけたポール・アンドリューの設計によって2000年に開館。巨大なガラス・ドームの中に復元された実物大の菱垣廻船を展示するなど話題となったが、2013年に閉館し、現在に至る。

[建物からの一言] 菱垣廻船浪華丸を除く主な展示物を撤去して閉鎖中の建物内部を、特別にご案内します。

COLUMN 世界とつながる本格的海港・大阪港の原点：築港

嘉名光市

1868(慶応4)年、大阪港は諸外国に開かれた港となった。昨年開港150年を迎えた大阪港のスタートは河川港、川口であった。しかし、土砂堆積により大型船の出入港が課題となった。そこで、淀川河川改修でも知られる技師ヨハネス・デ・レーケに依頼し、大阪の本格的な海港である築港計画が始まった。大正年代に建設された築港赤レンガ倉庫がその面影を伝える。当時の大阪市の予算の約2倍という破格の予算を投じた当時の我が国最大の土木事業で、着工から33年を経た1929(昭和4)年に第一次修築工事が完了した。天保山の旧砲台沖の埋立地の先端から港口に一直線に突き出した鉄桟橋の築港大桟橋とそこに着岸する大型船は、大阪港の顔となった。大阪の都心と築港エリアを結ぶ市電や道路などの都市計画も進められたが、その中心が海岸通りで、旧商船三井築港ビル、天満屋ビルがいまもその沿道に建っている。その後、第二次修築工事、室戸台風被害などを経て、大阪港はついに1939(昭和14)年に取扱貨物日本一の港となった。

戦後は港湾復興、水害や地盤沈下対策としてのかさ上げ区画整理、内港化計画、安治川内港整備など広がりを見せていく。一方で築港は再開発が進み、観覧車、客船旅客ターミナル、海遊館などの施設も立地しており、大阪港の歩んだ歴史を様々な生きた建築によって体感できる。

大阪名所繪葉書
築港大桟橋
嘉名光市所蔵

嘉名光市
かな こういち

専門は都市計画・都市デザイン。大阪市立大学大学院工学研究科教授。著書に『都市を変える水辺アクション実践ガイド』等。

LIVING ARCHITECTURE MUSEUM FESTIVAL OSAKA 2018

[特集4] 大阪市中央公会堂開館100周年記念

大阪市中央公会堂100周年を祝福して、特別なプログラムをご用意しました。
この機会にあらためて、日本を代表する大阪の建築の素晴らしい魅力をじっくりとお楽しみください。

91　大阪市中央公会堂

所在地　北区中之島1-1-27
建造年　1918年
原設計　岡田信一郎(実施設計:辰野片岡建築事務所)
[国登録有形文化財]

→P.73

岩本栄之助の寄付で作られ、気鋭の建築家・岡田信一郎や辰野金吾が遠目にも華やかなデザインを仕立てた。市民の力で守られ、重要文化財となり、水辺の改良と共に保存改修されて、100年後の今、良さを増している。

建物からの一言　今回初めて、大・中・小の各集会室、特別室を一斉公開。広場には免震体験車も登場！

特別公開

日時＝10月28日(日) 15時〜20時(最終入場 19時)
定員＝なし／参加費＝無料
● 室内での飲食はご遠慮ください。
● 混乱を避ける為、入場制限を行う場合があります。
● 集会室内で演劇のリハーサルや展示の撤収作業が行われている時間帯があります。ご了承下さい。

公会堂SHOP

公会堂創建当時の食堂の扉などがあり歴史も感じる店内。イケフェス大阪缶バッジ、公会堂100周年記念ピンバッジなどここでしか買えない商品も！

営業時間10時〜18時(10月27日(土)・28日(日)は20時30分まで)

特別連携　第42回 京阪・文化フォーラム「花と建築 建築と華」

開館100周年を迎える中央公会堂と、開業10周年の京阪電車・中之島線を記念して、橋爪紳也氏による基調講演と、華道未生流笹岡家元であり、大学時代は建築を学んだ笹岡隆甫氏をゲストに迎えてのトークセッションを開催。加えて、あのギンギラ太陽'sを主宰する大塚ムネト氏によるミニ公演も！
(大塚ムネト氏単独のミニ公演となります)

要申込

日時＝10月27日(土) 18時〜20時30分予定(17時開場)
場所＝92 大阪市中央公会堂3階 中集会室／定員＝450名
参加費＝前売1,000円／当日1,200円(当日販売は先着50名)
主催＝京阪ホールディングス株式会社
共催＝生きた建築ミュージアム大阪実行委員会、大阪市中央公会堂指定管理者サントリーパブリシティサービスグループ、大阪市
お問合せ＝京阪ホールディングス「京阪・文化フォーラム係」
　電話：06-6944-2542
　　(土・日・祝・休日を除く9時30分〜12時、13時〜17時30分)
[申込方法・詳細] 京阪電車主要駅で配布のチラシまたはホームページ
　　http://www.okeihan.net/forum/ でご確認ください。

| 展示 | イケフェス大阪2018の期間中、中集会室の回廊部分にて2つの展示を行います。

日時＝10月27日(土) 10時〜15時
　　　10月28日(日) 10時〜18時
場所＝ 92 大阪市中央公会堂3階 中集会室
参加費＝無料
● 展示中、演劇のリハーサルが行われている時間帯があります。
　ご了承下さい。

中央公会堂と中之島の100年展
初めて中央公会堂を訪れる人にも一目でわかるように、ビジュアルを中心に100年の歴史をダイジェストで辿ります。
企画＝近畿大学建築学部 建築・都市コモンズ研究室
協力＝大阪市中央公会堂指定管理者サントリーパブリシティサービスグループ

特別連携：みんなの建築ミニチュア展 in 中之島中央公会堂
誰もが一度は手にしたことがある建築ミニチュア、世界40ヶ国から800個ほど展示します。
主催＝日本建築設計学会(みんなの建築ミニチュア展 in 大阪市中央公会堂 実行委員会)
共催＝生きた建築ミュージアム大阪実行委員会
　　　大阪市中央公会堂指定管理者サントリーパブリシティサービスグループ

| クロージング | 生きた建築ミュージアム大阪2018
クロージングシンポジウム

中央公会堂の100年を超えて
当日先着

日時＝10月28日(日) 16時30分〜19時(16時開場)／場所＝ 92 大阪市中央公会堂1階大集会室
定員＝800名(2階席は閉鎖)／参加費＝無料

[プログラム]
1. 映画上映「大阪市中央公会堂 保存再生の記録 1999-2002」(約30分)
2. ギンギラ太陽'sミニ公演(約15分、P.58「京阪・文化フォーラム」と同演目)
3. クロストーク(橋爪紳也、嘉名光市、倉方俊輔、高岡伸一)(約60分)

毎年恒例のクロージングシンポジウム。今年は公会堂開館100周年を記念して、あの大集会室を会場に開催します。2002年の保存再生工事の記録映画を上映後、これも恒例となりつつあるギンギラ太陽'sによる公会堂物語をミニ公演で上演。最後は実行委員会の委員による、今年のイケフェス大阪を統括するクロストーク。視察してきたばかりのオープンハウス・ロンドンの報告や、5周年を迎えたイケフェス大阪のこれからについて語ります。

ギンギラ太陽's

役者が「かぶりモノ」を着用し、「建物」や「乗り物」を始めとした「モノ」を擬人化することで物語を綴る、福岡市のユニークな劇団。劇団を主宰する大塚ムネトによる、徹底した地元取材によって描かれた脚本は、笑いとともに、史実に基づく描写が客席に感動をもたらします。

特別連携プログラム「大阪市中央公会堂開館100周年記念イベント」の他、多彩な連携プログラムを開催　→　詳しくは P.12, P.65, P.66まで

アフターイベント

アフター期間には、今年のイケフェス大阪を締めくくるスペシャルなプログラムをご用意。最後の最後まで、充実した内容で、大阪の生きた建築の魅力をみなさんにお届けします。

92 綿業会館

所在地　中央区備後町2-5-8
建設年　1931年
設計　渡辺 節
　　　[国指定重要文化財]

Ⅱ・エ・3
→P.73

ガイドツアー　[要申込]
日時＝10月29日（月）①14時〜 ②15時〜 ③16時〜（各回約30分）
定員＝各25名／参加費＝無料／案内人＝綿業会館 事務局長、総務部長
[申込方法] P.03参照
- 館内での飲食はご遠慮下さい。
- 写真撮影に関しては条件がありますのであらかじめご了承下さい。

街に品格を与える外観。内部の吹き抜けを囲んで、豪奢な各室が並ぶ。民間の紡績繊維産業関係者の寄付で建設され、今も使われている重要文化財。大阪の歴史的な公共性がヨーロッパやアメリカの都市と近いことが分かる。

[建物からの一言] 昭和初期の傑作、綿業会館を特別公開！

93 大阪市立美術館

所在地　天王寺区茶臼山町1-82（天王寺公園内）
建設年　1936年／[地下展覧会新設] 1992年
　　　　[南館改修] 1998年
設計　大阪市建築部営繕課

Ⅴ・ウ・4
→P.76

美術品はもちろん、建築にも注目したい。中央の屋根は日本の倉のよう。内部のホールにイスラム風のアーチが用いられ、伝統文様の青海波を応用した鬼瓦も独特。世界各地の要素を独創的に組み合わせたデザインなのだ。

[建物からの一言] 築80年を超えるクラシックな美術館の裏側を休館日に体験！

ガイドツアー　[要申込]
日時＝10月29日（月）①10時30分〜 ②14時30分〜（各回約90分）
定員＝各30名（小学生以上）／参加費＝無料／案内人＝大阪市立美術館 学芸員　[申込方法] P.03参照
- 休館日のツアーです。展覧会はご覧いただけません。ツアー途中、階段でしか移動できない場所があります。
- 写真撮影が可能な場所は限られます。係員の指示に従ってください。

94　ハドソンストリート1947
（北浜ゲイトビル8階）

所在地　中央区北浜2-1-21

Ⅱ・オ・2
→P.73

スペシャルイベント：澤田BAR　[要申込]

中之島の建築を眺めながらイケフェス関係者の話を聞く一夜限りのバー。プロのバーテンダーによる本格的なドリンクサービスも予定しています。

日時＝10月29日（月）18時30分〜20時
定員＝20名（20歳以上）
参加費＝1,000円（ワンドリンク付き）
出演者＝倉田俊輔、髙岡伸一、澤田充
トークテーマ＝イケフェス大阪を振り返って
[申込方法] P.03参照

[建物からの一言] 夜の中之島建築を眺めながら、飲みながらの建築談義に参加しませんか。

澤田 充
さわだ みつる

生きた建築ミュージアム大阪実行委員会メンバー。街づくりや街ブランディングを業務とする、㈱ケイオス代表。主な業績：淀屋橋WEST／北船場くらぶ／北船場茶論／淀屋橋odona／本町ガーデンシティ／北浜プラザ／グランフロント大阪／グランサンクタス淀屋橋／北浜長屋／大阪エアポートワイナリー／新丸の内ビルディング／KITTE（東京）／「御堂筋イルミネーション業務」審査委員長／「そぞろ歩く御堂筋」審査員など。

ハドソンストリート1947
2018年秋にオープンしたばかりの会員制のワーキングスペースです。仕事や商談、読書や研究をしたりすることができます。

95　グランフロント大阪

所在地　北区大深町4-1（うめきた広場）、4-20（南館）、3-1（北館）
建設年　2013年
設計　日建設計、三菱地所設計、NTTファシリティーズ

Ⅰ・イ・2
→P.71

ガイドツアー　[要申込]

日時＝11月7日（水）
　　　①11時〜　②13時〜
　　　（各回約60分）
定員＝各20名
参加費＝無料
案内人＝三菱地所株式会社 担当者
　　　　（予定）
[申込方法] P.03参照

「まちびらき5周年」を迎えたグランフロント大阪。街の玄関口「うめきた広場」、街の顔となる「南館」、ナレッジキャピタルを擁する街の心臓部「北館」が複合し、季節感を感じるイベントなども多彩に展開している。

[建物からの一言] 今回のイケフェスでは、普段入ることができないPRセンターを中心に各所をご案内します。

連携プログラム「U-35記念シンポジウム」も開催。詳しくはP.63で。

連携プログラム

今年も様々な方々のご協力により、
たくさんの連携プログラムが実現しました。
イケフェス大阪にあわせて企画された
特別なものばかり。
定番プログラムと合わせてお楽しみください。

**連携　大阪〈生きた建築〉映画祭
－60年代大阪を再発見せよ！－**

Ⅲ・ア・3
→P.74

ドキュメンタリー映画ではなく、劇映画で構成されるユニークな建築映画祭。今年で4年目を迎える。普段は登場人物たちの背景に控える建築物や都市空間を前景化させながら、映画が撮影された当時といまを比較することで、ひとつひとつの映画を超えた都市の物語を浮かび上がらせる。現存しない建築や都市空間の「生きた姿」を発見できるのも、この「大阪〈生きた建築〉映画祭」の醍醐味。

河内カルメン　©日活

日時＝10月20日（土）〜26日（金）18時50分より毎日2作品を上映（各作品ごと入替制）
会場＝シネ・ヌーヴォ（西区九条1-20-24 TEL：06-6582-1416）
　　　交通：大阪メトロ中央線「九条駅」6号出口、阪神なんば線「九条駅」2番出口徒歩3分）
料金＝一般1,400円、学生1,100円、シニア1,100円、シネ・ヌーヴォ会員1,000円
　　　イケフェス大阪2018公式ガイドブックご持参で1,000円
主催＝シネ・ヌーヴォ／企画協力＝堀口徹（近畿大学建築学部・准教授）
上映作品＝「かぶりつき人生」（神代辰巳監督、1968年）、「河内カルメン」（鈴木清順監督、1966年）
　　　　　「当りや大将」（中平康監督、1962年）、「現代インチキ物語 騙し屋」（増村保造監督、1964年）
●初日10/20（土）18:50からの「かぶりつき人生」上映後には、西尾孔志（映画監督）、堀口徹（建築映画探偵）、山崎紀子（シネ・ヌーヴォ）らによるクロストークを開催。プログラムの詳細などはシネ・ヌーヴォHPにて。http://www.cinenouveau.com

---

連携　Architects of the Year 2018

Ⅴ・イ・1
→P.76

若手建築家の活動を通して、未来の建築への展望を大阪から世に発信しようとする「Architects of the Year」展。4度目の開催となる今年はコミッショナーとして小川晋一氏を迎え、日本橋の家において展示を行う。

日本橋の家では10月27日（土）・28日（日）に、特別公開も実施します。詳しくはP.52まで。

日時＝10月26日（金）〜11月11日（日）
　　　10時〜16時
場所＝ 81 日本橋の家／参加費＝500円
主催＝日本建築設計学会
● イベントを予定：http://www.adan.or.jp で告知します。
● 10月27日（土）・28日（日）は参加費無料

| 連携 | ナカノシマ大学2018年10月講座
「生きた建築ナイト2018」 | II・ウ・2
→P.72 |

トーク：倉方俊輔×髙岡伸一 　　　　　　　　　　　要申込

日時＝10月4日(木) 19時～20時30分頃(開場18時30分～) ※終了後、館内見学タイムあり
会場＝34 大阪倶楽部 4階大ホール／定員＝200名／受講料＝1,500円
主催＝ナカノシマ大学事務局／協力＝生きた建築ミュージアム大阪実行委員会
問合せ＝06-6484-9767(株式会社140B) ［詳細・参加申込］https://nakanoshima-daigaku.net/

毎年恒例、イケフェス大阪の楽しみ方を実行委員会のメンバーである二人が徹底解説。今年の見どころは？ 注目のプログラムは？ みんなで楽しみながら、当日のスケジュールを考えましょう。トーク終了後には、イケフェス大阪にも参加している大阪倶楽部の建物内の見学タイムも。倉方＆髙岡共著の新刊も販売します！
大阪倶楽部では、10月27日(土)に、ガイドツアーも実施します。詳しくはP.29で。

| 連携 | U-35 記念シンポジウム | I・イ・2
→P.71 |

日本を代表する世界的建築家・伊東豊雄氏を招き、これからの建築を考えていく方法と手がかりを探ります。

ゲスト建築家：伊東豊雄／進行：倉方俊輔 　　　　　要申込(先着)

日時＝10月27日(土) 15時30分～19時30分
会場＝95 グランフロント大阪 ナレッジキャピタル ナレッジシアター
　　　(北区大深町3-1 グランフロント大阪 北館4階)
入場料＝1,000円／定員＝381名(事前申込制・当日会場にて先着順座席選択)
［応募・問合せ］特定非営利活動法人(NPO法人)アートアンドアーキテクトフェスタ
　　　　　　　URL=http://u35.aaf.ac/　E-mail=info@aaf.ac

| 連携 | Under35 Architects exhibition 2018
連携トークセミナー | I・イ・2
→P.71 |

[Talk.1] 芝野健太×倉方俊輔「デザイン、アート、イケフェス大阪の間」　要申込
[Talk.2] 髙岡伸一×倉方俊輔「書籍で知る大阪の建築の楽しみ方」　　　(先着順)
日時＝10月24日(水) [Talk.1]14時30分～15時30分 [Talk.2]16時～17時
場所＝うめきたシップホール(北区大深町4-1)
参加費＝無料(要入場料)／定員＝30名(事前申込制)
［応募・問合せ］特定非営利活動法人(NPO法人)アートアンドアーキテクトフェスタ
　　　　　　　URL=http://u35.aaf.ac/　E-mail=info@aaf.ac

芝野健太
しばの けんた

1988年大阪生まれ、大阪在住。2010年、立命館大学理工学部建築都市デザイン学科卒業。現在は写真集・美術書籍に特化した印刷会社、ライブアートブックスに所属。デザイナーとして活動しながら、印刷設計者の立場から印刷物の制作に従事。2018年の「生きた建築ミュージアムフェスティバル大阪」のデザイン・印刷設計を担当。

イケフェス大阪2018開催直前、今年のイケフェス大阪の楽しみ方を、中心人物たちが語ります。建築出身で本ガイドブックなどのデザインを手がける芝野健太さんには、デザイン、アートからの視点も。事務局長の髙岡伸一さんには、著書の話を交えてイケフェス大阪の魅力を深めていただきます。聞き手は倉方俊輔が務めます。

| 連携 | 大阪市立大学 |

所在地　住吉区杉本3-3-138
建設年　1933〜1935年
設計　　大阪市土木部建築課(伊藤正文)
　　　　[国登録有形文化財(1号館)]

　Ⅶ・エ
→P.79

ガイドツアー　　　　　　　　　　　　　　　　　要申込

日時＝10月25日(木) 15時30分〜17時
定員＝25名(中学生以上)／参加費＝無料
案内人＝倉方俊輔[大阪市立大学 准教授]
● 集合場所等詳細は、別途参加者にお知らせいたします。

[申込方法]「往復はがき」もしくは「Eメール」にて、必要事項を記入の上、下記までお送りください。1通につき2名様まで。制限を超えて記載されている場合はお申込みが無効となります。応募多数の場合は抽選。〆切 10月10日(水)必着
[必要事項]①氏名(2名様まで)②代表者の住所、電話番号　※往復はがきでのお申込みの場合、返信面オモテには、返信先住所、お名前を記入願います。
[申込先]〒558-8585 大阪市住吉区杉本3-3-138 大阪市立大学 プロジェクトマネジメントオフィス「キャンパスツアー」係
[Eメール] pmo-coc@ado.osaka-cu.ac.jp
[問合せ先] 電話：06-6605-2068 (平日9時〜17時)

登録有形文化財となっている1号館をはじめ、旧図書館、2号館、体育館など、先進的なモダニズムの影響を受けた戦前期の学舎が今も現役。御堂筋の拡幅、御堂筋線の開通と並び、大大阪時代の構想力の大きさが分かる。

建物からの一言　有形文化財の1号館や、普段立ち入り出来ない場所もご覧頂きます。

| 連携 | 洋館ミステリ劇場(青山ビル) |

　Ⅱ・オ・3
→P.73

青山ビル建築当初の時代の探偵小説を再現。俳優陣も時代考証を重ね、シーン毎に部屋を移動し、犯人を当てるミステリーツアー型の演劇。この4日間は青山ビルが建物も人もタイムスリップ！また、開演前に建物の歴史や系譜を皆様にご説明いたします。

日時＝10月13日(土)①15時〜 ②18時30分〜
　　　14日(日)①11時〜 ②14時30分〜 ③18時〜
　　　20日(土)①14時30分〜 ②18時〜
　　　21日(日)①11時〜 ②14時30分〜
　　　(各回約120分)　　　　　　　　　　　要申込(先着)
会場＝42 青山ビル／定員＝各20名／参加費＝3,500円

[申込方法] ticket@g-foresta.com または 06-6422-3488 (fax)
[必要事項] お名前、ご住所、ご希望日時、枚数、電話番号
[申込宛先] G-フォレスタ　[問合せ先] 電話：06-6422-3578
● 折り返しの返信をもって予約完了です

青山ビルでは、10月27日(土)・28日(日)に、様々なプログラムも実施します。詳しくはP.33で。

| 連携 | 日本テレマン協会 創立55周年記念特別演奏会
中央公会堂貸切公演「中之島をウィーンに!」 | 📍Ⅱ・Ⅰ・2
→P.73 |

延原武春により1963年に創設されたバロックからベートーヴェンまでを専門とする室内楽団「日本テレマン協会」。その創立55周年を記念し中央公会堂を全館貸切り、音楽祭を開催します。館内の様々な部屋で演奏会やトークイベントを開催するスペシャルな一日です。お見逃しなく!

日時=10月21日(日) 13時〜18時30分 **要申込(先着順)**
会場= 92 大阪市中央公会堂
入場料=一般5,000円、25歳以下1,000円(自由席)
主催=日本テレマン協会
問合せ=電話 06-6345-1046(日本テレマン協会事務局)
　　　　メール yoyaku@cafe-telemann.com
- メイン公演:F.J.ハイドン:オラトリオ「四季」
　(テレマン室内合唱団・オーケストラClassic)
- テレマン・リターンズカルテット
- 写真展「そこにある風景 大阪・ハンブルグ」
　(写真家・タナカジュンペイ) 他

トークイベント「教会×建築×音楽」 **要申込(先着)**
日時=10月21日(日) 14時15分〜(予定)
会場= 92 大阪市中央公会堂 2階会議室
入場料=1,000円(トークイベントのみ参加の場合)
関西の教会建築や音楽空間としての聖堂などについて、佐野吉彦氏が語ります!

佐野吉彦
さの よしひこ

建築家、株式会社安井建築設計事務所 代表取締役社長。1954年神奈川県生まれ、兵庫県西宮市に育つ。東京理科大学工学部建築学科卒業。同大学大学院工学研究科建築学専攻修了。

[申込方法・詳細] 日本テレマン協会ホームページ(http://cafe-telemann.com)より確認ください。
大阪市中央公会堂でのプログラムは[特集4]P.58,59をご覧ください。

| 連携 | なんばスカイオ | 所在地　中央区難波5-1-60
建設年　2018年(10月グランドオープン)
設計　　大林組 | 📍Ⅴ・ア・2
→P.76 |

「NAMBAから世界へ」をコンセプトに新たな複合ビル、「なんばスカイオ」が10月17日(水)に開業します!イケフェス大阪2018と同時期にオープニングイベント開催。是非お越しください!

「NAMBAから世界へ」なんばスカイオオープニングイベント開催!
日時=10月17日(水)〜28日(日) 各日10時〜19時(予定)
定員=なし/参加費=無料
- オープニングイベントの詳細は決定次第HPに掲載します。
　https://www.nambaskyo.com/

| 特別連携 | 大阪市中央公会堂＆パナソニック 100周年記念特別連携 |

大阪市中央公会堂が開館した1918年、ちょうどその同じ年に松下電気器具製作所、現在のパナソニックが創業しました。イケフェス大阪では、大阪を代表する建築と企業が揃って100周年を迎える2018年を記念して、特別連携プログラムを実施します。

100周年記念リレートーク　　　　　　要申込（先着）

大阪市中央公会堂と共に今年100周年を迎えたパナソニック。常に人々の暮らしと共にあった、家電と中央公会堂をめぐる、多彩なゲストを迎えてのリレートーク。

日時＝10月14日（日）
場所＝パナソニックセンター大阪 2F Re-Life ガーデン（北区大深町4-20　グランフロント大阪 南館）

［トーク1］　13時30分〜14時　　パナソニック100年のプロダクトを語る
　　　　　　　　　　　　　　　　ゲスト＝植木 啓子［大阪新美術館建設準備室 研究副主幹］

［トーク2］　14時30分〜15時　　写真が捉える「生きた建築」の魅力
　　　　　　　　　　　　　　　　ゲスト＝西岡 潔［写真家／オフィスキャンプ］

［トーク3］　15時30分〜16時　　明日の「生きた建築」をデザインする
　　　　　　　　　　　　　　　　ゲスト＝前田 茂樹［建築家／大阪工業大学准教授］

聞き手＝髙岡 伸一（P.22参照）
着席定員＝各回30名／資料代＝500円（資料としてイケフェス大阪2018公式ガイドブックをお渡しします）
［参加申込］パナソニックセンター大阪 ウェブサイト https://panasonic.co.jp/center/osaka/event/all/
● 当日参加の方は立ち見となります。ご了承ください。　● 詳しい内容は上記サイトにてご確認ください。

写真セミナー LUMIXで撮る、「生きた建築」　　　　　　要申込（先着）

生きた建築の魅力を写真に収める。ふたりの個性的な写真家を講師に迎え、
LUMIX「DMC-GX7MK2」を使った写真セミナーと、中央公会堂での撮影会を2日にわたって開催。

● LUMIX使い方セミナー：　日時＝10月20日（土）／場所＝パナソニックセンター大阪
● 撮影会：　　　　　　　　日時＝10月28日（日）／場所＝大阪市中央公会堂（集合場所＝パナソニックセンター大阪2F）

［セミナー1］
講師＝谷口 菜穂子
● LUMIX使い方セミナー
　10時〜12時
● 撮影会
　10時〜12時

［セミナー2］
講師＝仲尾 知泰
● LUMIX使い方セミナー
　15時〜17時
● 撮影会
　15時〜17時

定員＝各10名
参加資格＝18歳以上の男女。一眼レフをお使いになったことのある方で、両日ともご参加いただける方。
参加費＝6,500円（税込／2日分、イケフェス大阪2018公式ガイドブックをプレゼント。LUMIXは貸し出します）
［参加申込］パナソニックセンター大阪 ウェブサイト https://panasonic.co.jp/center/osaka/event/all/
● 申込み時に、どちらかの講師をお選びいただきます。　● 詳しい内容は上記サイトにてご確認ください。

関連イベント

ここでは、イケフェス大阪の良きライバル・良き仲間として、大阪の魅力発信に向け実施される、建築やまちをテーマとしたイベント・活動をご紹介します。

| 関連 | 海岸通文化祭 MINA to meets（みなとミーツ） | Ⅶ・ア →P.78 |

日程＝10月28日（日）10時〜16時
プレイベント10月26日（金）17時〜22時
　　　　　27日（土）16時〜21時
会場＝ D 中谷運輸築港ビル（旧商船三井築港ビル）
料金＝入場無料（一部有料）
主催＝海岸通文化祭実行委員会
問合先＝minatomeets@gmail.com
URL＝https://minatomeets.com/

戦後の道路嵩上げによって土中に埋まったもと1階は築港天保山地域の大きな特徴。現在は非公開の地階を含む全フロアを使ってビル丸ごと文化祭！ライブや展示・物販など詳細はHPへ。金・土は地下でウイスキーバーも。

| 関連 | 中之島ウエスト・秋ものがたり2018 『中之島まるごとフェスティバル』 |

ハイレベルな学生の音楽プログラム、中之島にお勤めのワーカーやプロミュージシャンによるコンサートなど、あらゆる『音楽』で文化・芸術のまち中之島が賑わいます。また、東日本大震災で被災された子どもたちと公益社団法人大阪市音楽団が音楽を通じて交流する中之島ウエストの新たな被災地応援プロジェクトの募金活動や、全国の旬の食材、東北の特産品など集めた物産展「中之島ウエストマルシェ」を開催します。

日程＝10月20日（土）〜28日（日）
主催＝中之島ウエスト・エリアプロモーション連絡会／URL＝http://nakanoshima-west.jp/

| 関連 | 御堂筋 AUTUMN GALLERY 2018

日程＝2018年10月12日(金)〜11月25日(日)
会場＝御堂筋(土佐堀川〜博労町通間)沿道
主催＝一般社団法人御堂筋まちづくりネットワーク
問合せ先＝一般社団法人御堂筋まちづくりネットワーク
　　　　E-Mail：info@midosuji.biz　HP：http://www.midosuji.biz/
　　　　Facebook：https://www.facebook.com/midosuji.biz

一般社団法人
御堂筋まちづくりネットワーク

今年も、楽しいイベントを多数開催いたします。御堂筋沿道店舗でのコンサートなど盛りだくさんです。気候のよいこの時期に御堂筋をピクニック気分で散策し、普段と一味違う雰囲気をぜひお楽しみください。詳細はHPまたはfacebookページでご確認ください。

| 関連 | 第8回オープンナガヤ大阪2018

大阪にある40以上の長屋の改修・活用事例を一斉公開「暮らしびらき」します。大阪には長屋が数多く残り、さまざまな方が現代のライフスタイルに合わせた長屋暮らしを楽しんでいます。長屋での暮らしぶりや改修方法などをオープンにすることで、建築関係者や不動産関係者だけでなく、一般の方にも大阪長屋への理解や愛着を深めていただければと思います。

日時＝11月10日(土)・11日(日)
会場＝大阪市内・市外 計13エリア以上(北区、福島区、中央区、大正区、西成区、生野区、平野区、阿倍野区、東住吉区、
　　　住吉区、住之江区、東大阪市、柏原市ほか) 詳しくはガイドマップやウェブサイトをご覧ください。
主催＝オープンナガヤ大阪2018実行委員会、大阪市立大学長屋保全研究会　共催＝大阪市立住まい情報センター
後援＝景観整備機構(社)大阪府建築士会まちづくり委員会、大阪市立大学都市研究プラザ・豊崎プラザ
問合せ＝E-mail opennagaya@gmail.com　HP：http://opennagaya-osaka.tumblr.com

| 関連 | 船場博覧会 2018

日時＝11月16日(金) 前夜祭
　　　11月17日(土)〜23日(木・祝)
場所＝辰野ひらのギャラリー
　　　(中央区平野町1-5-7 辰野平野ビル地下1階)
主催＝船場博覧会実行委員会
● 日時・場所はプログラムにより異なります。
● 詳細についてはホームページ
　(http://semba-hope.main.jp/)をご覧ください。

船場のまちで活動する皆さんが、毎年神農祭の時期に合わせて開催しているイベントです。企画展示やセミナー、まち歩きツアーやコンサート等のプログラムで、船場の魅力をお伝えします。

生きた建築ミュージアムフェスティバル大阪 2018

LIVING ARCHITECTURE MUSEUM FESTIVAL OSAKA 2018

エリアマップ
AREA MAPS

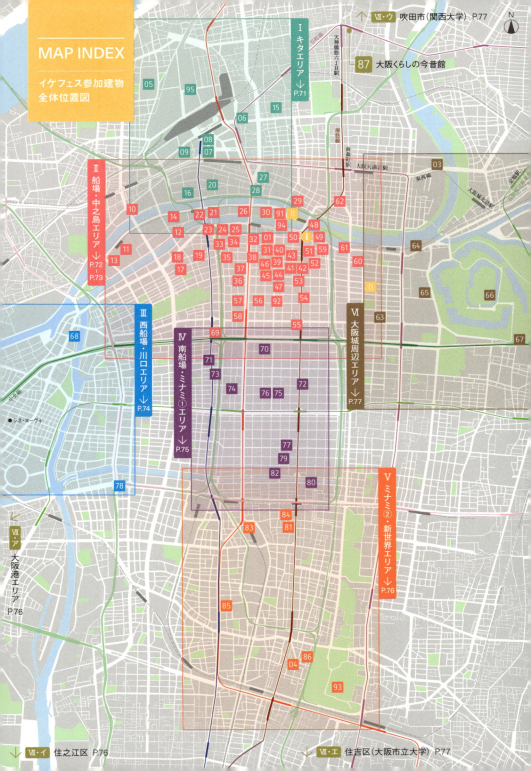

I キタエリア

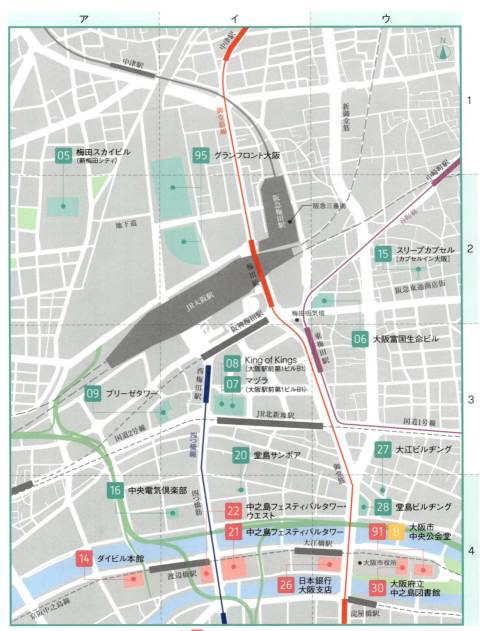

II 船場・中之島エリア

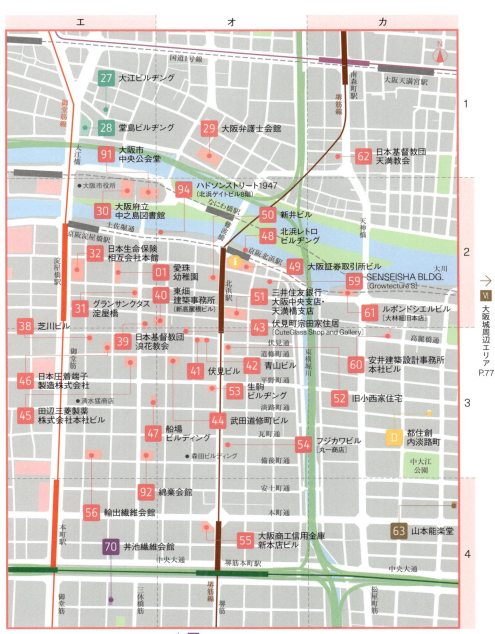

III 西船場・川口エリア

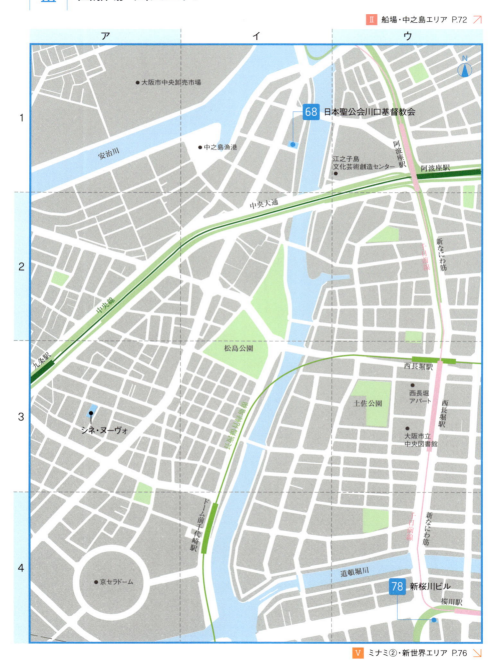

IV 南船場・ミナミ①エリア

V ミナミ②・新世界エリア

VI 大阪城周辺エリア

Ⅶ その他のエリア

ア 大阪港エリア

イ 住之江区

ウ 吹田市（関西大学）

エ 住吉区（大阪市立大学）

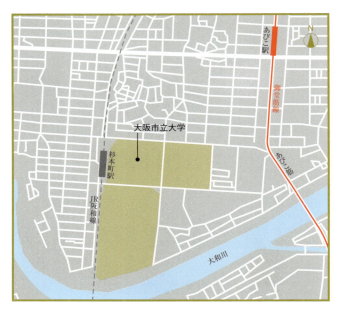

実行委員会企業・協賛

大阪ガス

大林組 OBAYASHI

ダイビル株式会社

竹中工務店

千島土地株式会社

東畑建築事務所
TOHATA ARCHITECTS & ENGINEERS

NIKKEN
EXPERIENCE, INTEGRATED

安井建築設計事務所

協賛

西尾レントオール株式会社

Panasonic Center
OSAKA

SUNTORY

長谷工コーポレーション

一般社団法人日本建築協会	大林新星和不動産株式会社	株式会社140B（月刊島民 中之島）
株式会社TAKプロパティ	株式会社アートアンドクラフト	株式会社大阪国際会議場
株式会社サンケイビル	株式会社創元社	京阪神ビルディング株式会社　　大福書林

LIVING ARCHITECTURE MUSEUM FESTIVAL OSAKA 2018

生きた建築ミュージアムフェスティバル大阪2018 公開協力企業・団体等一覧（順不同）

愛珠幼稚園
大阪市
関西大学
通天閣観光株式会社
千島土地株式会社
積水ハウス株式会社
積水ハウス梅田オペレーション株式会社
三菱地所プロパティマネジメント株式会社
マヅラ
King of Kings
株式会社サンケイビル
朝日放送グループホールディングス株式会社
株式会社ロイヤルホテル
喫茶カレン
そば処吉吉
euro life style
株式会社大阪国際会議場
ダイビル株式会社
ニュージャパン観光株式会社
一般社団法人中央電気倶楽部
株式会社遠藤克彦建築研究所
日本基督教団大阪教会
コダマビルディング
堂島サンボア
朝日新聞社
株式会社朝日ビルディング
大同生命保険株式会社
株式会社三井住友銀行
住友商事株式会社
住商ビルマネージメント株式会社
日本銀行大阪支店
日本建築設計学会
都窯業株式会社
株式会社堂島ビルヂング
株式会社140B
株式会社クエストルーム
大阪弁護士会
大阪府立中之島図書館
指定管理者株式会社アスウェル

コホロ ERMERS GREEN コーヒーカウンター
日本生命保険相互会社
今橋ビルヂング
ダルポンピエーレ
一般社団法人 大阪倶楽部
株式会社 日建設計
北野家住宅
大阪ガス株式会社
船場近代建築ネットワーク
RIVE GAUCHE
日本基督教団浪花教会
株式会社東畑建築事務所
伏見ビル
大阪住宅株式会社
KIRIN KELLER yamato 北浜店
Salon des 有香衣（サロンデュカイ）
ギャラリー遊気Q＆遊気Q倶楽部
大阪市立デザイン教育研究所
RAINBOW TRUNK
梶川知佐
NON.X.X.
日本精工硝子株式会社
公益財団法人武田科学振興財団
田辺三菱製薬株式会社
日本圧着端子製造株式会社
Atelier KISHISHITA
桃谷順天館グループ桃井商事株式会社
北浜レトロ株式会社
株式会社大阪取引所
平和不動産株式会社
新井株式会社（新井ビル）
コニシ株式会社
株式会社生駒ビルヂング
丸一商店株式会社
大阪商工信用金庫
株式会社輸出繊維会館
本願寺津村別院（北御堂）
株式会社竹中工務店

株式会社TAKプロパティ
株式会社朝日ファシリティズ
公益財団法人竹中大工道具館
一般社団法人御堂筋まちづくりネットワーク
株式会社MJ5
株式会社宣成社
株式会社安井建築設計事務所
株式会社大林組
大林新星和不動産株式会社
一般社団法人日本建築協会
空間計画株式会社
THNK一級建築士事務所
日本基督教団天満教会
公益財団法人 山本能楽堂
京阪ホールディングス株式会社
京阪建物株式会社
大阪府
大阪城パークマネジメント株式会社
公益財団法人大阪国際平和センター
日本聖公会川口基督教会
オリックス株式会社
株式会社井池繊維会館
みんなの不動産
立売堀ビルディング
堺筋倶楽部
長瀬産業株式会社
株式会社小倉屋山本
原田産業株式会社
株式会社大阪農林会館
日本基督教団島之内教会
丸二商事株式会社
アートアンドクラフト
株式会社浪花組
自安寺
日本橋の家
株式会社食道園
南海電気鉄道株式会社
株式会社ユニバース

株式会社モリサワ
恵美須興業株式会社
大阪くらしの今昔館
八木邸倶楽部
摂南大学
天満屋
ハaハaハa
OLD Coleman MUSEUM JAPAN
中谷運輸株式会社
一般社団法人 港まちづくり協議会大阪
株式会社美想空間
大阪市中央公会堂指定管理者
サントリーパブリシティサービスグループ
遠藤秀平建築研究所
近畿大学建築学部
みんなの建築ミニチュア展 in 中之島中央公会堂
実行委員会
ギンギラ太陽's
株式会社ケイオス
一般社団法人日本綿業倶楽部
大阪市立美術館
グランフロント大阪
シネ・ヌーヴォ
日本建築設計学会
ナカノシマ大学事務局
大阪市立大学
G-フォレスタ
日本テレマン協会
パナソニック株式会社
パナソニックセンター大阪
海岸通文化祭実行委員会
中之島ウエスト・エリアプロモーション協議会
オープンナガヤ大阪2017実行委員会
大阪市立大学長屋保全研究会
船場博覧会実行委員会
一般社団法人緒方洪庵記念財団

その他大勢の"生きた建築"に関わるみなさん

イケフェス大阪2018 インフォメーションセンター

日時
10月27日（土）10時〜18時
　　28日（日）10時〜16時

場所
49 大阪証券取引所ビル 1階アトリウム
Ⅱ・オ・2
→P.73
中央区北浜1-8-16
大阪メトロ北浜駅1号B出口

インフォメーションセンター特設電話
Tel 070-4286-0445
（イケフェス大阪2018 開催本部）

- メインイベント期間中のみの特設インフォメーションです。（開設時間にご注意ください。）
- 特設電話はつながりにくい場合もございます。また上記日時以外はつながりません。

イケフェス大阪2018についてのお問い合わせ

Tel 06-4301-7285
大阪市総合コールセンター［年中無休／8時〜21時］

E-mail info@ikenchiku.jp
生きた建築ミュージアム大阪実行委員会

- 電話はつながりにくい場合もございます。ご容赦ください。
- 上記では、プログラムへの参加申込・キャンセルは一切受付けておりません。

イケフェス大阪2018 参加者アンケートにご協力ください

今年のイケフェスはお楽しみいただけましたか？ 公式ホームページでアンケートを実施しています。2019年に向け、みなさんの声をお聞かせください。

みなさんの応援をお待ちしています

イケフェス大阪開催をはじめとする実行委員会の活動はみなさんのご支援で成立しています。
ボランティアの登録、スポンサー（法人・団体からの協賛）・サポーター（個人からの寄付）のお申し込みは、イケフェス期間中に関わらず、いつでも受付可能です。詳しくは、公式ホームページをご覧ください。たくさんの応援よろしくお願いします。

生きた建築ミュージアム大阪 実行委員会公式ホームページ

http://ikenchiku.jp 　イケフェス大阪